# 日本猫ワタナベの ニャンでも比較文化論

漫画 小道迷子
原案 渡邉豊沢

# はじめに

なんで中国猫はなかなか謝らないの？　言い訳ばっかりするの？
なんで中国猫はいつもあんなに自信満々なの？
なんで中国で乾杯にビールはだめなの？
なんで中国猫はお酒に強いの？
なんで他人の給料をずけずけと平気で聞けるの？
なんで中国ではお見舞いにリンゴ、バナナ、パイナップルを持っていったらいけないの？
なんでカネの次にメンツをそんなに大事にするの？
ウソだろうがホントだろうが関係ない、
カネカネ、メンツメンツ、カネとメンツの社会中国！

中国猫とビジネスをするのは一筋縄ではいきません。
知らないうちに中国猫のペースにどっぷりと飲み込まれている。気がついた時にはもうあとの祭り…!? なんて事も。
日中の間は摩擦だらけ。日本人からしたら明らかに「6」なのに、どうして相手の中国人は「9」と言ってくるのか？
それは、こちらから見ると「6」に見えるが、角度を大きく変えて見れば「9」

にも見える。これが摩擦だらけの原因。
立場や生活習慣が違うと、同じ物でも見方や考え方が180度違ってくるのです。互いに理解し合うのは、簡単な事ではありません。そんな困難を少しでも解消してくれれば、お助けマンになってくれればと思って誕生したのが、このまんがの主人公、日本猫のワタナベと中国猫のリュウ。困難を解消する一番の薬はお互いの異文化を少しでも理解する事が大切なのです。

リュウの性格は、積極的、ストレート、遠慮なし、肉食系、金好き株好き、自信満々、謝らない、面子を重んじる。
ワタナベの性格は、穏やか、曖昧、草食系、平和ボケ、猜疑心が少ない、素直。
中国に行ったら、自分の常識にとらわれずに、どんな角度から攻められても対応できる力が大切。
この本で楽しんでもらって、その上で少しでもお役に立てれば幸いです。
あ…そろそろリュウがやって来る時間です。
いよいよ幕が開きますよ。
それではじっくりと中国猫リュウと日本猫ワタナベの異文化まんがをご鑑賞ください。

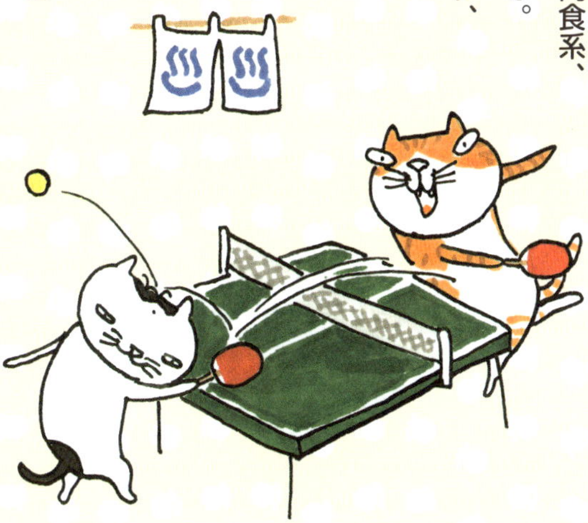

# 日本猫ワタナベのニャンでも比較文化論　目次

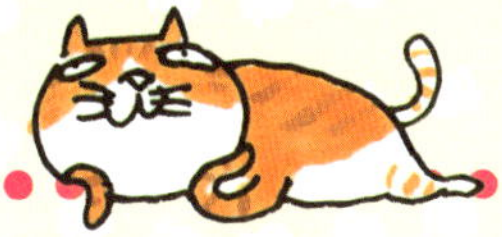



## 【リュウの異文化講座】



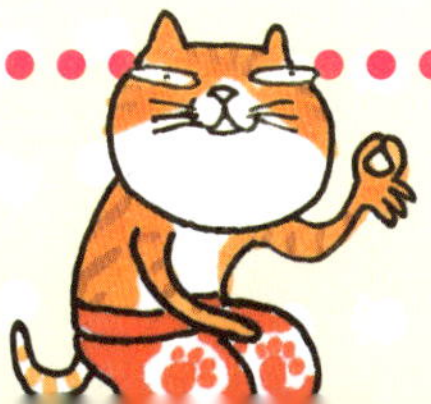

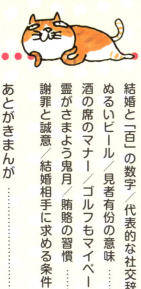

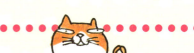

ニャンバー1
自慢と挨拶のあいだ
あ！リュウやっと来た
もう幕があいちゃいましたよ
そーとー遅刻
おー電車が遅れちゃったんだよ
自己紹介編
わたしも電車で来ましたけど……
早いので来たんじゃないの？
そーとー
ちんたら ちんたら
なにか言うことありませんか？
え…？
あ！自己紹介かー
ふつうは遅れてごめんとかすまんとか……
いいえ…
え？だって電車が遅れたんだよ
ボクは悪くないのになんで謝んなきゃいけないのさ
…
それにワタナベーオレたちこんなに有名なのになんで自己紹介しなきゃなんないんだよ
わかんねーよ
単行本も出したんだぜー
だれも知らないから紹介するっす……
じゃ……わたしが先にみなさんに自己紹介します
あ…そう

にゃほん…お楽しみだね
ぼ〜……
みなさん はじめまして 日本猫の ワタナベと申します
ペコ
まだまだ 未熟ものですが 一生けんめい 頑張りますので よろしくお願い します
未熟もので 仕事ができるの かよー
わざわざ自分の 欠点をみんなに 発表するなんて バカじゃん
しん……
え… ……
え？ うそだろ！ もしかして それで 自己紹介 おわりなの ？
それじゃ なんにも わからない じゃん
おわりです
こーゆー 場面で どんどん 自分を アピールしな いともったい ないじゃん
じゃあ リュウ おねがいします
自己紹介って いうのは こうやるんだよ
まずカオを あらって……
ペロペロ
こんにちは 中国猫の リュウ です
キラランッ
ボクは中国の 一流大学 北《ペ》金《キン》大学を 卒業したあと アメリカに 留学 しました
うんぬん
TOEICの 成績は 950点 日本語検定は 1級
うんぬん
趣味・特技は ゴルフ
にゃほん……

あのー それって たんに 自慢話じゃ ありません?
みなさんの ウンザリした 表情が見えません?
ホラ…
本当のことを 言ってるんだよ
なんで ウンザリなの あれって尊敬の 表情だろ
ところで ワタナベは ゴルフやるの?
ゴルフ できないと 社長に なれないよ
あ… 一応やって ますけど…
ホント?
オレは スコア 100を きったぜ
にゃほん…
ワタナベは?
ほとんど 打ちっぱなし ですが…
……
いちおう 2ケタ… ですが…
え? スコアも ないの ?
……
す…… すうじは いくらでも 自分で 作れるから なあ……
ふん…
しんようしてないね…
わたしの ホントの趣味は けいばです
けいば? それって 賭博《とばく》だろ
みんなに 対して イメージ 悪いよ
自滅行為だ!!
やだなあー けいばは スポーツですよ
ボクにとって けいばは 猫人生のロマン
オレにはさっぱり わかんねーよ しょせん かけごとじゃん…

リュウもマージャンやるでしょ
もちろんやるよ
だけどマージャンって頭も指も使う脳トレで老化防止にいいんです
まったくあーいえばこーゆうこーいわなくてもあーゆう
なんかいった？ワタナベ
ところでワタナベの年収っていくら？
…
いやーたいしたことないですよ
もじもじ
たいしたことないってどのくらい？
オレ思うんだけどさーオレっていい大学出て留学して才能もあるのにさー
どうして他の新入社員と給料が同じなんだよ
どーしてもなっとくいかない
だからワタナベはいくらなの？
もう
あのーわたしはもじもじしかじかで…
えーっオレワタナベより少ないーっ
社長にいわなきゃ
わたしはいちおうリュウの先輩ですから…
え…？まだ自己紹介おわってないのにどこいくの？
会社
自己紹介
たったった
能力からいってワタナベより給料が少ないのはどう考えてもヘン
だからもっと給料あげてください
オレの猫人生がかかってるよ
はっきりいうね……
社長

だって、猫にとって給与問題は領土問題よりも切実ですから。

## ニャンバー❷
# 新入社員はエリート!?

今日は入社初日だー
のび〜っ
早く認めてもらうためにガンガン仕事やるぞ
あのーリュウ
なに？ワタナベ
……
すべてのデスクの下のゴミ箱を集めてゴミ袋に入れてください
え…？オレがやるの？
はい
ボクはゴミを捨てるために入社したんじゃないよ
これはボクの仕事じゃない
これは仕事の一部です
できないなら教えてあげますよ
ぽい
ぽい
ごみ袋
わかったよ手伝ってやるよ
手伝ってるのはわたしです
ごみ袋
別の仕事ないの？
ボクはエリートだよエリートにこんなことさせるの？
いちおう会社のことを知ってもらうために新入社員はみんなやってますけど……
ごみ袋

新入社員だからって雑務なんて……
バカバカしい……
ブツブツ
オレはこの仕事をするために会社に入ったんじゃないよ
あ！リュウこれもいっしょに
ごみ袋
なんか言った？
あ……いいえなにも…
これはボクがもっていくよ…
はいゴミ捨ておわりね
ブツブツ
親が知ったら悲しむよ
お手伝いのおばさんいないの？
いちおういますけど…新入社員はみんなこれが決まりごとで…
あの…リュウ…
仕事かっ！
これを20部ずつコピーしてください
…それオレがコピーするの？
はい午後の会議の資料ですが
こんな簡単な作業するのはボクの時間がもったいないよ！
オレはエリートなんだよ
コピーも大事なお仕事ですできなければ教えてあげますよ
新入社員はみんなやってます
そのくらいわかるにきまってんだろ
ブツブツ
オレはエリートだぞ……
ガピー
ガピー
エリートさんこの技術資料読んでください

技術資料かーーっ
とうとう本当の仕事が来たぞ!
読んだらその資料も20部ずつコピーしといてください
……
ムカ
すい……
だ…だからなんでオレみたいなエリートのエリートが……コ…コピ……
中国ではありえないよ…
あ!山田せんべい
いや…せんぺい せんぱいか……
え…なに?リュウくん
質問してもいいですか?
ここはどうゆう意味ですか?
印字ノイズはどのくらいうんぬん互換性はうんぬんかんぬんカートリッジはうんぬんにゃんぬん
中国の市場戦略はどーなってるの?こんにゃんであんにゃんでそんにゃんでいいにゃんか!?
あのね…
えーと……
眉間にしわしわが…
あの〜〜リュウちょっと声が大きいですよ
みて……みんなのカオ……

え？
なんでさ
大きい声でハナシちゃいけないの？
仕事のハナシをしてるんだよ！
おしごと
プライベートのハナシならヒソヒソだけど仕事のハナシだよ仕事!!
それを証明するために大声でハナシてるのよ
日本人はまわりの人に気を遣いすぎ気にしすぎだよー
なー
……
山田せんぱいよくわかりました
べつにわざわざ大声でハナす必要なんかないですよー
ワタナベ今日少し早めに昼めし食いにいこーな
食堂こんじゃうから……
ヒソ……
リュウくんちょっと仕事のことでハナシがあるから来てくれない？
あ！ブチョー
ブチョーなんでもボクにまかせてください
そのために超一流大学卒業しました!! ですから
お昼3分前
あれ？リュウもう食べてるの？
世界をめざせ！
10分前にきてた
ぱくぱく
早めに食べにいこうっていったろ

本当は猫耳カフェに行きたい。そんなあなたにも『ニャンでも比較文化論』。

ニャンバー3
私はコレでやめました
会議室
中国代理店 王社長
この商品は我が社の特許があるので他の会社では絶対に買えないよ
リュウ ちょっと言いかたきつくない?
きつくねーよ
ヒソ ヒソ
このプリンタは業界では最高レベル
証拠はコレ
自社
他社
中国では絶対に売れる!!
あの…
リュウ ちょっと言いかたが傲慢《ごうまん》なんじゃない?
ごーまんじゃねーよ
ヒソ ヒソ
値段が高いね
わかってない! この品質でこの値段は安すぎる!
社長は玄人《くろうと》 玄人には玄人の話をしなければならないでしょ
リュウ お客様を責めちゃダメだよ…
責めてなんかねーよ
ヒソ
注文のロット数は……
通常最低3K《3000》でも社長なら特別に2Kの注文も受け入れる
……
リュウ 最低は1Kです…
ヒソ…

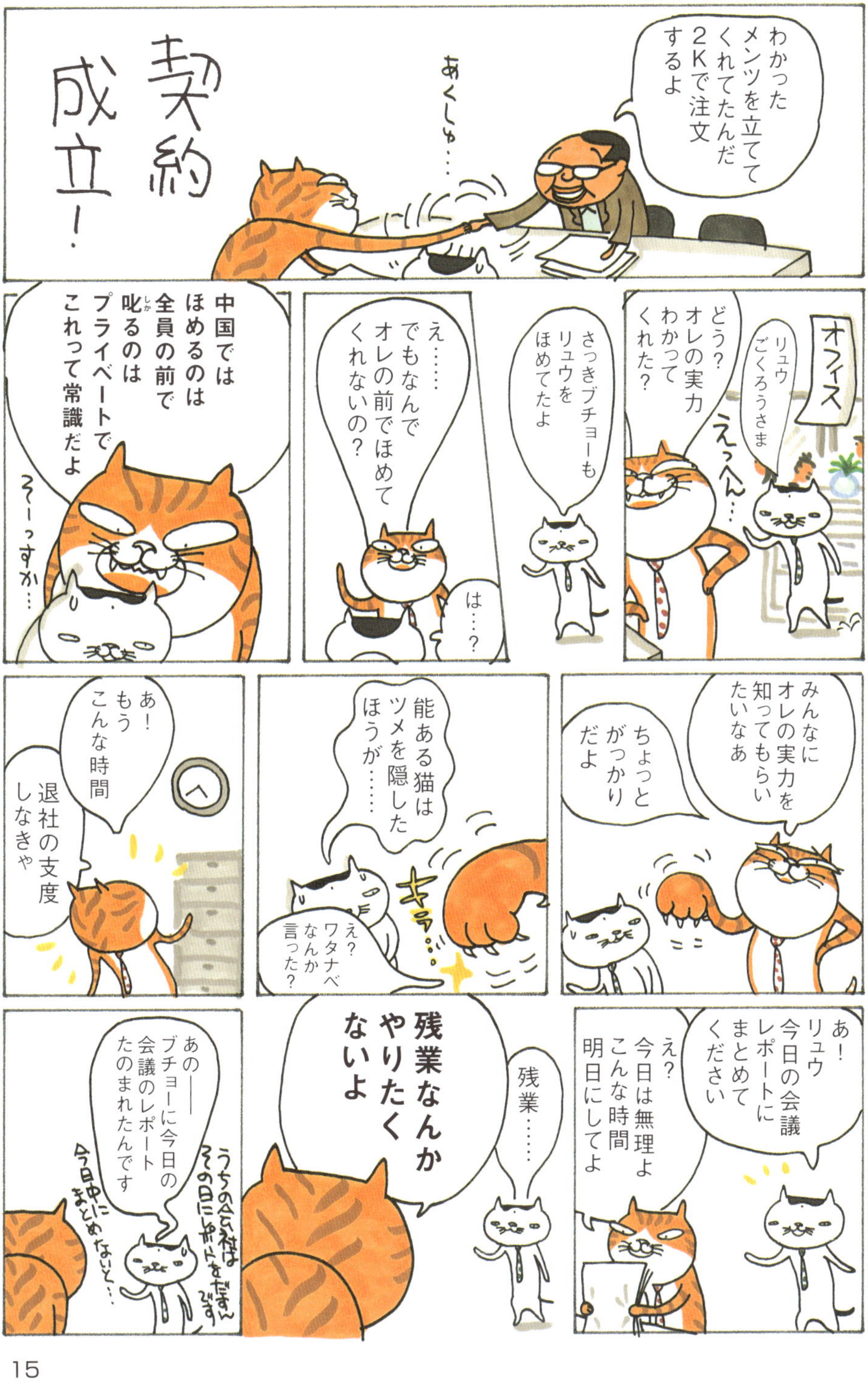

わかった
メンツを立ててくれてたんだ
2Kで注文するよ
あくしゅ…
契約成立!
オフィス
リュウ
ごくろうさま
どう?
オレの実力わかってくれた?
えっへん…
さっきブチョーもリュウをほめてたよ
え……
でもなんでオレの前でほめてくれないの?
は…?
中国ではほめるのは全員の前で叱《しか》るのはプライベートでこれって常識だよ
そーっすか…
みんなにオレの実力を知ってもらいたいなあ
ちょっとがっかりだよ
能ある猫はツメを隠したほうが……
キラ…
え?
ワタナベなんか言った?
あ!
もうこんな時間
退社の支度しなきゃ
あ!
リュウ今日の会議レポートにまとめてください
え?
今日は無理よこんな時間明日にしてよ
残業……
残業なんかやりたくないよ
あの——
ブチョーに今日の会議のレポートたのまれたんです
うちの会社はその日にレポートをだすんです
今日中にまとめないと…

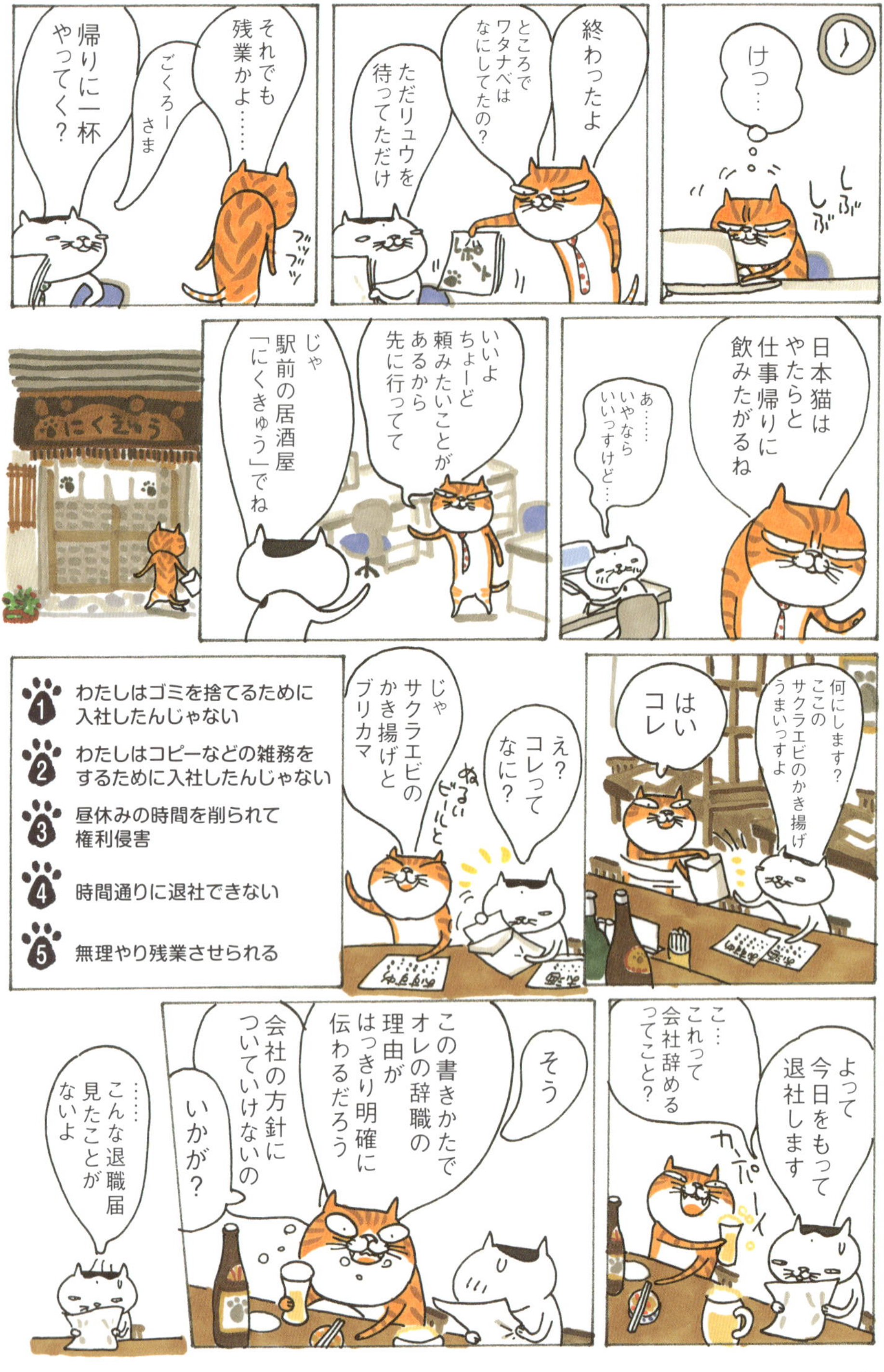

けつ…
しぶしぶ
終わったよ
ところでワタナベはなにしてたの?
ただリュウを待ってただけ
それでも残業かよ……
ブツブツ
ごくろーさま
帰りに一杯やってく?
日本猫はやたらと仕事帰りに飲みたがるね
あ……いやならいいっすけど…
いいよ ちょーど頼みたいことがあるから先に行ってて
じゃ 駅前の居酒屋「にくきゅう」でね
にくきゅう
何にします? ここのサクラエビのかき揚げうまいっすよ
はい コレ
え? コレってなに?
じゃ サクラエビのかき揚げとブリカマ
ぬるいビールと
1 わたしはゴミを捨てるために入社したんじゃない
2 わたしはコピーなどの雑務をするために入社したんじゃない
3 昼休みの時間を削られて権利侵害
4 時間通りに退社できない
5 無理やり残業させられる
よって今日をもって退社します
こ…これって会社辞めるってこと?
カンパーイ
そう
この書きかたでオレの辞職の理由がはっきり明確に伝わるだろう
会社の方針についていけないの
いかが?
……こんな退職届見たことがないよ

え? じゃあ どんな退職届 書けばいいの?
ふつうは
一身上の 都合で 退社します
え? それだけ ?
それだけなら まるで会社を 辞めるのは オレが悪い みたい
ワタナベ オレは中国で 超一流の大学を 卒業したよ アメリカにも 留学したし 3ヵ国語話せる 中国に帰ったら 最低でも 管理職だよ
それは 何回も きい たよ
日本の会社で 平社員なんか やってられ ないよ……
でもせっかく 日本の大手企業に 入社したんだから……
ワタナベ…
「寧《ニン》為《ウエイ》鶏《ジイ》頭《トウ》 不《ブウ》為《ウエイ》牛《ニユウ》尾《ウエイ》」
だよ
牛の しっぽより トリの頭の ほうがいい
わかる?
大きい組織の 中で目立たない 平社員よりも 小さな組織の 社長のほうが マシだ
わたしは このアタマが 好き!
ってことさ
中国に戻って 中国の企業で 経験を少し 積んでから 会社をつくるよ
だから頼む それブチョーに 渡しておいて
中国人の 共通の 夢だね
はん
はい
なにすんだよ ワタナベ オレが せっかく 作ったのに
却下
いいよ 何枚でも 我が社で 退職届プリント するから……
ふん……
……

泥棒猫と言われたことがある。そんなあなたにも『ニャンでも比較文化論』。

## ニャンバー❹ 春節を祝おう！

中国
リュウが田舎のじいちゃんばあちゃんちで旧暦のお正月を迎えるっていうからボクもおじゃましちゃいました——っ
おーひさしぶりー
オレが会社やめて以来だなー
ペタ…
恭喜發財
オレのじいちゃんばあちゃん
こんにちはワタナベです
よくきたね
あの——つまらないものですがこれどーぞ
だからつまらないもんならもってくるなって何度もいったろ…
あらちょっと小さいね
まだ食べられないねぇ
それは観賞用のお魚です食べられません
かわいがってね
リュウがお魚は縁起がいいというから買ってきました
そうさ縁起ものさ
大みそかにはかかせないよ
あれ？リュウが料理するの？
トクイだよー
中国では男でも料理ができるのは当たり前さ
料理ができない男はモテないよ
ならばボクも手伝います
お魚はまかせて～
ザク……

なにすんだよ ワタナベ 大みそかに…… 魚の頭がついてないと縁起悪いよ
え……
バラバラにするなよ
アタマがないと魚に見えないよ
じゃ あとで くっつけときますよ
火鍋料理にするから ガス台の下から 鍋出しといて
はい
火鍋は 大みそかには 欠かせないんだ
寒いから 食べるんじゃ ないんですね
大みそかの 料理には全部 意味がある
鍋が 円形なので "家族団欒"
鶏肉は?
「鶏《ジイ》」と「積《ジイ》」は 中国語で 同じ発音だから "お金を積み あげるように"
でも アヒルでも 縁起がいいよ
なんで?
日本の 「家鴨《あひる》」は 中国では 「鴨《ヤー》」と 書く
カモだ
アヒルだよ
鴨
家鴨
「鴨《ヤー》」 の発音は 「圧《ヤー》」と 同じ発音
だから お金を おさえつけて 逃がさない ガア
圧ー
圧ー
そーか お金には 羽も足も はえてる もんね
あ・しまった
いねむりしてるすきに……
サイナラー
ぱた ぱた ぱた ぱた

この韮《にら》もやし料理も縁起もの？
そうじゃ「韮《ジョウ》」は永久の「久《ジョウ》」と同じ発音
もやしの形は〝如意棒《にょいぼう》〟に似てるじゃろ
如意棒
だから韮もやしは「永久如意」という意味があるんじゃよ
ただ安いからじゃないぞ
永久におもいのままになるなんてすごいっす
お買いどく
リュウ去年日本にいたときはどう旧正月すごしたの？
仕事が忙しかったからたいやきとやきとりと鴨南蛮ですませちゃったよ
にゃっにゃっ
たいやき……いちおうおかしら付きですからねめでたい
キレイにごちそうさま
このお魚のあんかけおいしかったですね
ワタナベ……ほんとにキレイに食べちゃったな……
エンギワルイ…
ボクお魚食べるの得意なんですよ
ごめんリュウももっとたべたかったって
「年年有余《ニエンニエンヨウユイ》」は〝毎年お金が余る〟という意味「魚《ユイ》」と「余《ユイ》」は同じ発音魚は少し残して縁起をかつぐ
「年年有魚」
だから魚を全部食べちゃったら金に余裕がなくなっちゃうよー

正月には招き猫を飾る。そんなあなたに『ニャンでも比較文化論』。

## ニャンバー①
# 自己紹介でアピール

中国人の自己紹介は自慢話にも聞こえるけど、それはどんどん自分の長所をアピールして、評価してもらうことが大切だと考えているから。中国人からすれば、日本人の自己紹介はみんな似たような感じで退屈。謙虚というよりも自信がなさそうで、仕事を任せられるのか不安になっちゃう。ただし中国人の自己紹介だって過信は禁物。「私は英語ができる！」という人は、ちょっとだけできる人かも。「超有名人の親戚がいて」という人は、親戚の親戚の親戚ってことも……。

## ニャンバー②
# エリート中のエリート

中国の大学は狭き門。入試が難しいうえ、卒業も簡単じゃない。だから、大学を卒業できたら、もうエリート。北京大学など超一流大学の卒業者や、「喝過洋水《ホーグオヤンシエイ》」と呼ばれる海外留学経験者なんて、エリート中のエリート。そんな彼らには〝新入社員は雑務から〟なんてことはまずありえないんだ。それに、一人っ子政策の中国家庭で甘やかされて育った「小《シャオ》皇《ホアン》帝《ディ》・小《シャオ》皇后《ファンホウ》」と呼ばれる子たちは、掃除したことが一度もないってことも決して珍しくないのさ。

ニャンバー③

## 転職もキャリア

中国では転職がごく普通。日本では転職歴が多いと、その人に問題があると考えられがち。だけど中国では「経験豊富」と評価されやすく、転職の回数でキャリアが決まると言ってもいいほど。辞めるときの辞表は具体的に。例えば、福利厚生が悪い、給料が安い、上司の度量が狭い、サービス残業が多い、文房具が支給されない……。日本人の「一身上の都合」と比べれば、協調性がないように思えるけど、それより個性ある主張が大事なんです。

ニャンバー④

## 春節のお年玉

中国で「春節」と呼ばれる旧正月は、2019年だと2月5日になる。旧暦の1ヵ月は29～30日なので、日にちは毎年違ってくる。日本と同じく〝お年玉〟の習慣があるけど、「紅包《ホンバオ》」と呼ばれるお年玉袋は、必ず赤色じゃなきゃだめ。赤い色には魔よけの力があるとも言われていて、これだって立派な縁起もの。また、お金を折って入れると縁起が悪いので、大きさも必ずお札サイズ。もちろん、お金を新札にするのも忘れずに！

## ニャンバー5
## 日中韓"恋愛"戦線

次の日の夜
イタリア料理 ぱんにゃ〜ん
やあ ワタナベ
な…なんっすか そのすごい荷物は…
どさ…
これが オレの武器 なんだよ
え……
リュウさん ひさしぶり
あやのちゃん かわいすぎ
あやのさん タイプだな…
このワイン あやのちゃんが 生まれた年 生まれでーす
えー ホントー 高かったんじゃないのー
大丈夫っす
ぜーんぜん
どーせ リュウとスンギと ワリカンだから
スンギのやつ おそいね
先に ボクらだけで カンパイ しちゃいましょー
カンパーイ
あやのちゃん おめでとう
あやのさん オレからの ビッグな プレゼント
どさ…
やだ… こんなに たくさん…
ありがとう これ開けて いい?
どう〜ぞ
それは イタリア製 だよ
あら ステキな コップ
色がキレイでしょ
ぜんぜん けんきょじゃ ないね…
リュウ なんで コップなの?

〝一個のコップ〟は中国語で「一《イー》(個)杯子《ベイズ》」その発音は〝一生涯〟の「一輩子《イーベイズ》」と同じ
一生…だからなに?
わ——こっちはハイヒール
それもイタリア製さ
ハイヒールは中国語で「高跟鞋《ガオゲンシエー》」「跟」は〝ついていく〟の意味
だから裏の意味は「オレについてこい」
さらにコップとハイヒールで
一生オレについてこい…っすか!っ
うそ…
中国語よくわかんな〜い
…
けどぴったりよ
ありがとーリュウさん
すごーいスカイツリーのような美しさー
似合うー
やっぱオレってセンスいいねー
どーーん
こんなにたくさんもらっちゃってカンゲキよー
ワタナベはプレゼントないの?
そ…そんな恥ずかしいこと……
だから日本猫はだめなんだよ。
そーいえばスンギのやつまだ来ないねこんなに遅れて失礼なやつだなー
これでスンギはマイナス10ポイントまちがいないっす
ふふふ
ふふ
あ

スンギ…
でぉ〜ん
あやのさん これ プレゼント
百本のバラ
韓国では つきあって 百日目に 彼女へ 百本の バラを 贈るのさ
え？ まだ つきあって なんか……
え… ボクはキミと 初めて2人で お茶した ときから つきあってた つもりさ
やだ… そんな…
あやのさん これ 受けとって くれるね
…
…
今日がちょうど 百日目なんて ありえないよ…
キミのために 夜景のきれいなバーを 予約してあるよ
キミの好きなプルコギもたべよう
恋愛は 韓国猫には かなわない——
遅くなっちゃう
大丈夫 キミの家まで 送るよ
コツ コツ コツ…
…
オレのハイヒール…
オレは 百戦百勝さ 失恋したこと なんてない…
オレの武器より スンギの新兵器は すげーな…
コップとハイヒールは 百のバラに 負けたね…
——が 中国猫は 負けを絶対 認めないのだ
ワタナベ もっとかわいいコ 紹介するよ
あ！もしもし ヨーコさん
もー いいっすよ…

平成最後の失恋をした。そんなあなたに『ニャンでも比較文化論』。

## ニャンバー6 「また今度」に注意！

あ！せっかく紹介しようと思ったのにヨーコさんいないよ
あー心配すんなよ そうそう中国の友達の豆豆《ドウドウ》がいま日本に来てるんだ
だからもーいいっすよ
ここのピザおいしいわー
だろ！ワイフもうまいぜー
ホントに豆豆さん来ちゃったよ……
わーーっかわいいケーキじゃなーい
豆豆のためにワタナベとオレが注文したんだよー
……
あやのさんのためだよ…
ワタナベさんごちそーさま
おいしかったわー今度両親を紹介するねー
また今度ぜひいっしょに食事しましょー
中国でお会いしましょー
それから1ヵ月後中国に出張したワタナベ
リュウひさしぶり
やあ…
あれ？豆豆はよんだ？
え？あーー豆豆さん？今回急に来たでしょ…だから…
ワタナベ「また今度」って言ってたじゃん
あ…そーっすか……
…
あ豆豆ワタナベが中国に来てるんだけど……

あの…あれは…一応社交辞令で…
なに？
社交辞令って？
あ…一種のキモチいいごあいさつです
あいさつって？「こんにちはサヨナラ」みたいなもの？
はっ
そーいえばオレが日本にいた頃…
リュウさん今度いっしょに食事しょー
たのしみにしてます
そー言ったっきり同僚の花本《はなもと》さんから連絡なく…
仕事カンケーの助川《すけがわ》さんも…
今度ゆっくりハナシしましょう
じゃ…
今度…
で…あの「今度」っていつ？
え？今度は今度ですよ
また連絡します
そー言ったっきりさっぱり…
日本人ってよくわかんない…
そーか！あの「今度」ってやつが社交辞令ってやつでつまりただのサイナラみたいな都合のいいあいさつだったのかーーっ
あ！豆豆さんこっちこっちーす
ワタナベさんひさしぶりーなんで来たらすぐに連絡してくれないのーー？
「今度」はただの社交辞令だからだよー
約束じゃないからね…
いや…いろいろ出張の仕事が忙しくて…
にゃははははは…
たまには中国の海南南島《ハイニャンニャン》みたいなところでリゾートしたいっすよー
いいわねーあたしも一度海南南島に行きたかったのー
え…
じゃあ今度いっしょに行きましょー
わーホントーうれしー
出た…社交辞令…

ワタナベさん 今度って いつー?
あ…今度は今度で そのうちっす つまり機会があったら ということです
行く機会は いつあるの?
たぶん 2~3年の うちには… はい
時間が できたら 行きましょー
や…
やだ――っ ワタナベさん 時間はできるもん じゃなくて 作るもんよー
それに 2~3年って 長すぎやしない ねえ リュウ
ヒソ
おいワタナベ 2~3年って 言ってるうちに たぶん豆豆が 忘れちゃうと 思ってるん だろ……
そ… そんなこと 思って ないっす…よ
ホ… ホントに 時間が空いたらで…
い…いや もしかして わたし 心の奥でそう 思っちゃってる かも…
ヒソ…
いま豆豆が 喜んで くれれば それでいいと 思ってんじゃ ない…?
その場を つくろってる だけ…
ぐ……そ… そういうキモチが わたしのどこか 心の隅っこに 住んでるかも ……
ず…ぼ…し…
じゃ… 今年中に 行きましょう
今年のいつ?
え… 秋くらい かなー
え―― 秋じゃ 遅すぎー
…
じゃ 9月とか…
…
そーっすか…
4月に しましょー
え… 4月に連休…!
あたし 連休とっとくわー

あ！来た来たワタナベさんにわたしの両親を紹介するわ
パパママー
え…
こんにちはワタナベです
ペコ…
ワタナベさん会うのを楽しみにしてました
こんにちは
でもなんで豆豆さんのご両親が…
ピン…
やだぁだって前に日本で会ったとき今度中国に来たら紹介するって言ったでしょ
え…今度って…
そ…それって本気だったんですか…
ワタナベさんと4月に海南南島に行くのよー
あらいいわねーわたしも行きたいわー
あ…今度ぜひおかあさまもごいっしょしましょー
4月に娘と行くんでしょーじゃそのとき一緒に行っちゃおーかなー
え…
あ…ぜひぜひー
にははは
なんとも具体的なハナシに…
わたしどんどん攻めこまれてる…
ワタナベ「4月」忘れるなよ…
中国の「今度」はそんなにはっきりするの？
そう「君子一言《ジュンズイイエン》駟馬難追《スマナンジエイ》」さ
どーゆう意味っすか？
一度口に出した以上取り返しがつかないこと
にゃっにゃっにゃっ
おまえそのうち結婚させられちゃうかもよ…
うそ…
中国の「今度」はずっと重いのだ…
日本のおすしおいしいんだってー
こ…今度日本にあそびにきてください

社交辞令は嫌いだが、お世辞は嬉しい。そんなあなたに『ニャンでも比較文化論』。

## ニャンバー7 「激安」のカラクリ

4月の
海《ハイ》南《ニャン》南《ニャン》島
両親のかわりにリュウが来てくれてよかった
ありがと～
いいよ ちょうど気分転換したかったし
お待たせーっ
ビール買ってきたよー
ワタナベさん ごめん 両親来れなくて
ニャーニャーッ
じゃあ また今度 ご両親も… ところで―
「今度」って また言ったな…
どこ？
明日行くところは もう決まりましたよ！
どこ？
船に乗って ダイビング して それから 海鮮 バーベキュー です
キャー たのしーっ
ぷしゅ
それで なんと 3人で 3600円！
次の日
オハヨウ ございます
あの人です 昨日 路上で 声かけられたの
欢迎
啤酒
たっ たっ
たっ たっ
ワタナベ ちょっと 安すぎ ないか？
わーーっ 海がキレイ 安いほうが いいじゃーん

ここでダイビングしますか？
ここでいいじゃなーいとっても海がキレイ〜〜っ
ここでダイビングするなら1人500円追加です
え？だって昨日ダイビング料金は含まれるって言わなかった？
ここはパワースポット料金は別途です
あっ…そうですか……
じゃ…しかたないです…
だめ！
払えば彼のワナにはまっちゃうよ
え…
安い料金を餌《えさ》にしてあとで追加料金を取る
ワナって…？
たった500円だし…いいじゃないっすか…
日本人はすぐにワタナベみたいにハメられて払っちゃうんだよなー
あのさー料金に含まれてるダイビングスポットはどこ？
え…？
うみにおちる……
む…向こう側だけど……
じゃ向こう側に行ってみる
え？ここで潜らないの？
キレイなのに…
そうみたい……

ゆらゆら…
…
わーっ ここもキレイじゃなーい
さっきとあまり変わらないなぁ
そうだろ ここにしよう
1時間潜ったあと
船はある浜辺に着いた
わーーっ キレイな浜辺ーっ
真っ白な砂浜なんていい景色なの
ここで降りてバーベキューしますか?
いいですねぇー
ここなら1人500円追加料金がかかります
え? だって昨日はバーベキュー料金が含まれると言ったじゃないですかー
ここは特別なプライベートビーチ料金は別途ですがいかが?
じゃ…しかたない…
だめ 追加料金 ぜったい 払わないよ
海におちる…
えーーっ ここでやらないのー
たった500円だし
ステキな浜辺なのにー
ここがダメなら船の上でバーベキューするの?
船がもえちゃうよ
い…いえ 向こう側の浜辺ですが…

向こう側の浜辺
ここでも充分キレイですね
だろ
あの―――今夜わたしの誕生パーティーやりますが参加しますか?
え?
1人…
500円だろ
は…はい
す…すみません今晩はレストランを予約してあ……
参加する
え?なんでリュウ……
ワタナベ帰りの料金が含まれてるの確認したか?
参加するなら帰りの料金をサービスします
えっ…サービスって…帰りの料金は含まれてなかったですか?
そーゆーことだよワタナベ
ありえない…普通は往復じゃん…
馬《マー》さんの家
ただいまー
お客さん3人だよー
あ!パパ
……
……
…
今日もパパの誕生パーティーやるの―――!?
いつもの野菜炒めとスープだよ

次のGW《ゴールデンウィーク》はハトヤに決めている。そんなあなたに『ニャンでも比較文化論』。

## ニャンバー8 おみやげはいくつ買う？

中国の取引先にて
シャチョー これどーぞ 海南南島《ハイニャンニャン》 特産の 魚の一夜干し まんじゅう です
みなさんで 食べて ください
鮮干包
海南南島
特産
ざざん…
ありがとう
……みなさん って…？
お茶うけっす
社員の李さん
え？ シャチョーだけ？ みんなの分は ないの？
今度ごいっしょしましょう
海南南島か いいねえ
食べてみたい シャチョーは 一個 くれるかな ……
周さん
郭さん
なんで 一箱なんだ ……
ワタナベ …… それだけ？
おみやげ…
はい だから 大きい箱に しました 24個入り
え？ リュウ これから どこかに 旅行？ 出張？
どーん
じゃ ちょっと 手伝って
ダンボール 開けて
ギョ…
海南南島？
え？ これって全部 おみやげ？
いつのまに 買ったの？
特別注文 したのー 送ってもらった
う〜…

シャチョー これ海南南島のおみやげです
どーん
わあ… 大きくて迫力があるねぇ
きゃーっ
これは福を呼ぶ魚の置物 春だけの限定品で お金があっても なかなか手に入りません
エンギのいい魚
それは貴重だね うちの玄関に 飾っておくよ ありがとう
よいしょっと……
え?
さっきのより小ぶりだけど…
まだ同じものがあるの……
李《リー》さん これがあると昇進が早いよ 書斎に置くのが一番いい
わあ これはどうも 奥さんが喜ぶよ
これは周《ジョウ》さん
応接室に飾るとお金が貯まるよ
こっちは郭《グオ》さん
寝室に飾ると……
え… 一人一個っすか…
リ… リュウ まだ余ってますよ…
余ってないよ 足りないかも…
シャチョー 迎えがもうすぐ来ます
すごいもん買ってきたね…
小翠《シアオツエイ》さん これ海南南島のおみやげ
置くだけで恋愛運がアップするよ
え… 足りない…?
え? ホントー
ありがとー
わたし お魚大好き とくにあんかけが…
受付の小翠さんにまでおみやげっすか…
中国の受付の女のコはすごく権限もってるよ 味方につけとかないとね
あとの商売にいろいろ支障が出るぞ
キキーッ
あ… 車が来た!
ホントっすか…

運転手さん これは海南南島のおみやげ
車に飾るだけで赤信号に遭いにくい すべてスムーズ 交通安全…
すばらしい魚ですね
あ…れ…
じっ……
ありがとー 万事順調な気がしてきたよー
こんにちは あのー これ海南南島に行ったおみやげです
食卓に飾ると健康で長生き 毎日パワーが出ますよ
それはありがたい
リュウ… 運転手さんにまであげますか…
当たり前だよ
運転手さんはいろいろな人の話を車内で聞くから情報の宝庫
人脈は大切に確保しとかなきゃね
でも… あの… 車内に乗ってた知らないおじさんにまで…
おみやげ……
「見《ジエン》者《ジョー》有《ヨウ》份《フエン》」さ
何っすか？ それ？
〝見た人はもらえる〟
運転手さんにおみやげ渡したときに車の中のおっさんに見られちゃっただろ
見られたらあげなきゃね それが「見者有份」
ふ〜ん
それにあの人がもしどこかの社長だったらどーすんの？
そのうちオレの大きな得意先になるかも……
ぼこ……
はあ……
そ…っすか…

すごい…リュウはいろいろ計算してるね
普通だよ……
じゃわたしも受付の小翠さんにばあちゃんのために買った口紅をあげてきます
それはヘンじゃん
他のみんなに何もあげてないのに小翠さんにだけあげるとよくないよ
え…あげましたよ「魚の一夜干しまんじゅう」
だってホラあれ
あ……
わたしのあげた一夜干しまんじゅう…
シャチョー箱ごと持ってっちゃった…
当たり前だよシャチョーに渡しといて
ぶ
小さい箱でいいから一箱ずつ買ってくるべきだよ
みんなからワタナベケチだと思われたね
え…だって日本じゃ……
あ……
5元だ
拾った猫
それを見た猫
じっ……
「見者有份」
半分っね…
……
たった五元なのに…

5元がいくらか気になっている。そんなあなたに『ニャンでも比較文化論』。

## ニャンバー⑤
# 結婚と「百」の数字

「百」にこだわるのは、中国の恋愛でも一緒。例えば中国では結婚するときに、百枚の写真を撮って結婚アルバムを作るのが一般的だ。その写真では、新郎新婦の目がなんだか大きくなり、ホクロは消え、顔の輪郭も変わっていて……まるでモデルのような美しさに！ そんな本人のものとは思えないアルバムに仕上がっていることもよくある話。また、ご祝儀袋にも『百年好合《バイニエンハオホー》』（〝白髪になるまでともに仲良く暮らす〟という意味）といったお祝いの言葉がよく書かれているよ。

## ニャンバー⑥
# 代表的な社交辞令

中国で「今度会う」といったら「必ず近いうちに会う」ということ。決して社交辞令とは受け取られないんだ。だから、もしそのまま連絡を取らないと、嘘つきだと思われちゃうかも。ちなみに中国人の家に遊びにいくなら、お土産を2つ以上は持っていこう。玄関でお土産を渡すと、嬉しそうにこう言いながら、すぐ受け取ってくれるだろう。「来てくれるだけでよかったのに、お土産までこんなにたくさん！」。あえていえば、これが中国の代表的な社交辞令かもしれないな。

## ニャンバー⑦
# ぬるいビール

中国の観光地でワタナベとビールを飲んでいたら、知らない中国人がこう声をかけてきた。「近くに海が見えてビールの安い店があるよ」。それで念のため〝海を見る料金〟がかからないことを確認して、その店に行ってみた。すると確かにビールは安いんだけど、ぬるい！　なんとビールを冷やすのは別料金だったのだ。中国では冷たいものは体に良くないという考えがあるので〝ぬるいビール〟もよくあるけど……。観光地では中国人でも騙されることがあるから、要注意だよ！

## ニャンバー⑧
# 見者有份の意味

中国では、レストランにお酒やケーキを持ち込んで、誕生日パーティーを開いたりすることがよくあるんだ。そんなとき「見者有份《ジエンジヨーヨウフエン》」と言うと、まわりのお客さんたちが集まってきて、持ち込んだお酒やケーキを一緒に飲み食いして、誕生日を祝ってくれる。「見者有份」の本来の意味は、〝喜びを分け合う〟ってことなんだ。ほかにも、食事中に来客があった場合、お客さんが「見者有份」と言って一緒に食事する、なんてこともよくある。別に図々しいってわけじゃないからね。

宴会の席にて
ニャンバー9
めでたいカンパイは大変！
エンギのいい魚
リュウ キミがくれた 縁起のいい 魚の置物を 飾ってから 契約が何本も とれたよ！
にまっ にまっ
シャチョーのために 苦労したかいが ありました
にゃっ
ワタナベさん 何を 飲みますか？
わたしのあげた 魚の一夜干し まんじゅうの 話は出ないね…
ま…いっか…
じゃ とりあえず ビールで お願いします
とりあえずは やめろ
ワタナベ ここは 日本の居酒屋 じゃねーよ
ガンペーイ
ワタナベ 我《ウォ》敬《ジン》你《ニィ》！
あ… 小翠《シアオツエイ》さん
ガンペーイ
ぐいっ…
え…
ワタナベ… 女性が 飲みほしたのに 男が飲み ほさないのは 女性に大変 失礼
…
わーーっ ワタナベ いいぞー
ぐいっ…

ワタナベさん
我敬你！
あ…
李《リー》さん
どーも
ぐいっ
男だから
残しても
いいね…
小翠さんのときに全部
飲み干して李さんのときに
残すのは失礼だよ
え…
李さんの
メンツが
立たないよ
わーっ
ワタナベ
格好
いいよー
ぐいっ…
ワタナベ
誘われたら
誘い
返さないと
失礼だよ
え…？
誘う？
何を
ですか…？
今
酒に
誘われた
じゃん
…
小翠さん
李さん
我敬《ウオジン》
你們《ニィメン》！
あなたたち
だめだめ
一人ずつ
小翠さん
敬你！
李さん
敬你！
ぐいっ
ぐいっ
にゃっにゃ
これで
おわったね…
ちょっとー
小さいコップ
持ってきてーー！
小さい
コップか～
よかった～
助かった～
ぜんぜん
助かって
ねーよ

どーん
これは 陳年紹興酒《チェンニエンシアオシンジョウ》の 10年もの ワタナベさん きっと気に入るよ！
え…？
十年陳
陳年 紹興酒
シャチョー ガンペーイ
ちょろ…
…
くり…
ワタナベ みんなと飲み干して シャチョーとは飲み干さないと それこそシャチョーの メンツが立たないよ
ぐいっ
言われなくてもわかってますよ
ふんっ…
なんで…
フキゲン…
ワタナベ 「無二《ウーアル》不成喜《ブウチエンシイ》」我敬你
う…
こ…今度は なんっすか ーっ…
"喜びが重なる" ってこと めでたい乾杯
ぐいっ
喜びなんか 重ならなくて いいっすよ
うまいよ この カニ料理
なんか 水が 飲みたいなー
ウマイ 水
さすが ワタナベくん！ 中国のこと よく知ってるねえ 「ウマイ水」といえば 高級水だよ 飲みたいかね！
え… ボク なにも 知らないっす…
どかーん
え？ これが「水」っすか…
はい 白酒《バイジョウ》は 水のように透明で 中国の酒場でよく 「水」というよ
ワタナベくん カンパーイ
白酒

ぼっ…
強いだろ
アルコール度数53度
ちょっと飲むと舌が
しびれるから一気に
のどに運ぶのがコツ
これで終わりっすよね……
あ…
あ! 来た来た!
ワタナベくん紹介するよ 陳《チエン》工場長と唐《タン》課長
よろしくおねがいします
は… はあ…
またカンパイだ
リュウ… なんとかお手洗いに逃げこんだけど……
中国でお酒を飲むのは大変…
ワタナベー これからが本番なのにー
地獄のようなカンパイだ…
男洗手間
わたしを殺さないでください
なら帰った方がいいよ 泥酔したら信用がなくなって相手に弱みを握られるから
え… 本当に帰っていいんですか?
失態よりいい
じゃあいさつしてから
なに言ってるのあいさつしたら帰してもらえないよ
急用ができたって言っといてやるよ
孫悟空の一番の得意ワザは何だ?
「逃《タオ》為《ウエイ》上《シャン》策《ツォ》」すなわち逃げるがベスト
えっ?
身の安全のために逃げるべきときは逃げるのが中国の兵法上で最上策…
サンキュー恩に着るよ
あ… 逃げ切れなかったな…
ぐーぐー
店の出口

中国人の社長と接待ゴルフ——
王シャチョー
やぁ ワタナベ リュウ おはよう
荘シャチョー
もう8時か さっそく始めよう
あ！ やっと来ました 社長さま 御一行が
6時45分に来た猫
7時20分に来た猫
ニャンバー⑩
こんにゃんでぃ〜ゴルフ？
そういえば こないだの宴会のあと レストランの出口で キミに似た猫が 寝てるのを 見かけたよ
ホントっすか…
えー だらしない 猫っすねー
あ…あの 王《ワン》シャチョー この福を呼ぶ 金福印の球を 使ってください よく飛ぶと 評判っす
キラランン
ほー 使って みよう
なおいっそう 飛ぶねぇ
ぶんっ
今日は 風が 強いっすね
さっ
ぶんっ
……
キラララ

か…風が強すぎ――ピンを刺しなおしますっ
そのボールエンギワルそうだね……
ぶんっ……
ではシャチョー本番おねがいします
今度はピンを浅くさしたから大丈夫だね
球は…？
ちょっと左に飛んでいきましたがナイスショットです
左すぎ…草ぼうぼうの中…
ぶんっ
荘《チョアン》シャチョーナイスショット！フェアウェイにのせました
全然飛んでないし右すぎだよ
そうかな…
ゴロゴロ
ワタナベひどいねえ……
だって接待だもん
ワタナベ下手くそなフリしてあんなとこ打つなよ
シャチョーと同じ方向に打たないとダメだよ
え…？なんでっすか？
一緒の方向に打てばシャチョーと歩きながら仕事のハナシができるだろ
ナルホド…
ここは打ちにくいね…
ここに置こう
ぽと…
フェアウェイのど…ど真ん中っすか
合理的…
ぶんっ
池がなければナイスショット！
惜しい！
ひでー ど真ん中ポチャ…
池の中じゃ打てないよ
ここに球を置こう
全然違うところに…
ぽと…
それも超いい場所…
リュウ…こんなんでOKっすか？
大丈夫ゴルフの細かいルールなんて大抵の中国人は気にしない
ぶんっ
おっ！一発でグリーンにのせた！

にゃっ にゃっ
王シャチョー わたしも バンカーっす
同じ方向に 打ったよ 仕事のハナシ ハナシ!
ワタナベは 腰のひねりが 足りないよ
バンカーの打ち方 おしえてやるよ
王シャチョー バンカーで 10打
ぶん ぶん ぶん ぶん
うわ… まるで 黄砂だ
仕事のハナシ どころじゃなーい!
疲れた… わたしの サンドで 代わりに 打ってくれ
ゼイ ゼイ ゼイ
は… わたしが っすか?
コン…
グリーンの いいとこに のせて あげよう…
おー いいねー さすが わたしの サンドウェッジ
入っ ちゃった ……
コロン…
グリーンで 打ちたかった のに……
あ〜あ
ワタナベ 少しは気を 使えよ
シャチョーの たのしみを うばうなよ…
事故っすよ ……
荘シャチョー グリーン上で すでに10打目
う〜ん…
よし… わたしの 得意ワザで…
にゃ…
キュッ キュ…
す… すごいっ
カツ
シャチョー ナイスイン っす〜
コロン……

次のホール
今リュウがとびぬけてトップっす
少しは気を使ってくだ…
あ！ホールインニャーーン…
キャーリュウ今の大事故はなにーーっ？ないことにしましょ
いいのいいの気にすんなよスコアなんて誰も気にしてないよ
あれくらいの年齢のシャチョーたちは楽しければいいの
そんなもんっすか…
ホラシャチョーたち次に行ったよ
すごいっす王シャチョー荘シャチョーナイスオン！
とーとーやりました
おっ！メシの時間だ
レストランにご案内します
メシメシメシの時間を守れる人が仕事のできる人
そうメシが一番大事
え…？みんなせっかくグリーンにのせたのに……
いいんすか…せっかく…
シャチョー今日のゴルフはいかがでした？
やっぱりゴルフは健康的でいいねえ
GOLF
みろ！今日は8990歩も歩いたよ！
シャチョーそれはすごい!!
王シャチョーそれだけですか？
わたしは9900歩ですよ
ほう…そんなに…
いやあ〜今日はわたしの負けですな〜！
わたしなんかたったの7000歩完敗ですよ〜!!
スコアは超トップだけど…
リュウ…どういうこと？いっぱい歩いたほうがヘタクソってことじゃ…
ぼ？
いいんだよウォーキングもゴルフも似たようなもんだって考えてる中国人は多いよそれより——
ワタナベ何歩？
え…
中国のゴルフは健康第一！万歩計のスコアで勝負が決まる!?
じつ…一万歩…
それ絶対言うなよ
プチ…リセット

ゴルフクラブとゴルフ部は同じだと思っていた。そんなあなたに『ニャンでも比較文化論』。

## ニャンバー⑪ 鬼月の怪

あ！しまった
ワタナベからもらった金色の福を呼ぶゴルフボールをさっきのホールに忘れてきちゃったよ
記念にあのボール持って帰りたいなあ…
王《ワン》シャチョーわたしが捜しに行ってきます
あれ…ないね
誰か持ってっちゃったかな…
ん…？
キララ〜ン…
さすが金福印の球
こんな寂しい所にいたのかい
捜しやすいね
キラララ〜ン…
サワ
サワ
ん…？
なんだコレ？
サワ
サワ
なんか急に肩が…
ゴルフのせいかも…
サワ
サワ
時はさかのぼり300年前の7月
サワ
サワ
劉《リョウ》さん一家
母上…姉上が亡くなって半年ですね
縁談も決まってたのにねえ…
今日から「鬼月《グェイユェ》」だねえ…

黄泉《よみ》の扉が開いてあの世の人たちがいっせいにこの世にやって来る月…
わーい
母上何してるの？
娘の麗麗《リーリー》もきっとこの世に来ているに違いないね
嫁に行けなかった麗麗のためにお金を赤い袋に入れて門の前に置いておくのさ
どうして？
鬼月の間だけ拾ってくれた人の所にお嫁に行けるんだよ
婚約者だった王風《ワンフォン》に拾ってもらえるといいねえ…
誰か拾ってくれますように…
おとなりさん
ごろん…
婚約者だった王風
はっ
王風…
母上！王風が拾ってくれました
そーかいっ！
よかったねえ…
これであのコもうかばれるよ…
ホントはこっち

年月は過ぎ…
うもれた
また過ぎ…
ほりおこされた
GOLF場建設
そして…
なにコレ…
サワ
サワ
サワ
やっと拾われた…
サワ
サワ
サワ
あれ?スマホにそんなのつけてた?
ぶ〜ら
あ!これっすかー
シャチョーのゴルフボールを捜してたときに見つけたの
ぶ〜ら
ぶ〜ら
記念に赤い糸つけてぶらさげてみたっす
古銭…
ぶ〜ら
ぶ〜ら
今は8月だろ つまり旧暦の7月「鬼月」だよ
日本のお盆みたいなもの
あ〜あ 鬼月に古銭を拾っちゃったの?
は?
鬼月に古銭を拾うと女のコの霊がついてきちゃうんだよ
ワタナベが結婚してくれると思って
ぶ〜ら
ぶ〜ら
え……
うそ…結婚?
霊…まさか……
そ…そんなの迷信っすよ
ぶ〜ら
ねえ…リュウ
いいじゃん その女のコきっと喜んでるよ
でも相手がワタナベじゃな〜…
ぶ〜ら
ぶ〜ら
ワタナベーオレのスマホに勝手につけるな〜〜っ
ぶ〜ら
バレちゃった?

ホテルのロビー
そこに置いておこう
誰かいい人に拾われてね
ごめんね…
今が鬼月ってことはきっとこの辺も鬼さんがいっぱいいるんだね……
じゃみんなカンパーイ
なんかにぎやかな気分…
次の日
あれ…ワタナベとロビーで待ち合わせしたのに全然降りてこないね
部屋に行ってみるか
どうしたのワタナベ？顔色悪いよ
のみすぎ？
今日は肩だけじゃなくて体中が重くて…
ワタナベあのままベッドで寝たの？
え…そーっすけど何か？
鬼月にスリッパをベッドに向けたまま寝ちゃったの？
これじゃ鬼さんをベッドに誘ってることになっちゃうよ
エライ…
ワタナベめんどうみがいいね…
ずっしり…
おもい…
うそ…
あれ…
ワタナベコレ捨てなかったの？
え…！

「なめ猫」は妖怪だと思っていた。そんなあなたに『ニャンでも比較文化論』。

## ニャンバー⑫
# チュ〜ゴク怖い置き土産

中国出張中——
打ち合わせに会議 接待でゴハン食べて やっとわたしの ゆっくりビール タイムだね
にゃっ にゃっ
ぱたん……
え
なに あれ？
ちょっと イヤな 予感……
誰かの お土産 かな…
のろいの 古銭……
だったら どーしよー
ぱか……
……
あ リュウ あのさー わたしに お年玉 くれた？
なに言ってんの あげるわけ ないじゃん
会議が 終わって ホテルの 部屋に 戻ってきたら 部屋に 羊かんの箱 みたいのが 置いて あってさー ……
なんだよ せっかく デート中なのに
タイミングの 悪いやつ だなあ
開けたら 金だった
まさに その とーりっす

仕方なくワタナベのホテルに来たリュウ
賄賂《わいろ》だ
え…？
わいろ…？
わたしは賄賂なんてぜんぜん身に覚えありませーん困りまーーす
ワタナベ…会議で何言ったのよ
荘《チョアン》シャチョーこの条件ならほぼほぼOKですが
もう一度本社に確認しなければなりません
なるほどわかったワタナベくん
です…
OKと言ったのになんでこんなモノ部屋に置いてあるの—
本社に確認するのは問題ですか—
う〜ん……
問題はこの「OK！」サイン
それは3万元を要求してるよ
つまり3万元を払えばうまく確認できるという裏の合図よ
3万元って…
わー本当だぴったり3万元
すごいねリュウ
百元の札束みっつ
じゃないっす〜〜っ
どーすんのよコレ返さなきゃ
誤解だ！

ちょっと待って！
そのまま返すと またメンツの問題や 誤解が生じるから とりあえず 明日の会議のとき シャチョーの 名刺 もらってきて
荘シャチョーだよ 名刺なら前に もらったこと あるよ
いいから とにかく もらっといてよ
じゃーなー おかげで デートの やり直しだ
彼女のご機嫌とりの バラの花代 請求するからね
100本じゃなくて よかった…
翌日の会議後――
ふー ワタナベ 今日も お疲れ さまー
ぱたー…
え…
うそ…
でん…
リュウー また羊かんの箱 置いてあった～
しぶしぶ ホテルに来たリュウ
え～～っ またヘンなこと 言わなかった ？
いいえ
ワタナベー
で… あーで こーで… この要求は 難しい ですが…
わかった
この話はまた 明日しよう
って 言っただけ っすよー
ワタナベー 今度は5万元 要求したのかー
してま せ……
はっ
……ホントだー ぴったり 5万元 だーー
リュウ 大あたりー

うっそー本当にヤバいよ
ますます泥沼にハマっちゃったよー
昨日言っといた名刺もらってきた?
もちろんもらいました
あれ?前もらったのとちょっと違う…
今日もらった名刺には自宅の住所と電話番号が書いてある…
つまり「非公式に会いたい解決したい」というサインだよ
中国ではよくあることさ
だからその金会社に持ってって返したらシャチョーのメンツ丸ツブレさ
え……
ホントっすか
わたし知らないうちに
どさ
どさ
すげー悪代官になったキモチ…
ワタナベ電話なってるよ
ルルル
ガチャン…
シャチョーからでした
これからすぐに会って返してきます
リュウ何かあったら電話するよ
じゃあね～
おいそれシャチョーの前でやるなよ
?
これは6万元のサイン
にやり…

中国出張が楽しみになってきた。そんなあなたに『ニャンでも比較文化論』。

ニャンバー⑨

## 酒の席のマナー

紹興酒や白酒など、中国のお酒はアルコール度数の高いものが多いから要注意。あまりお酒に強くない人は、無理して「乾杯《ガンベイ》」せずに「随意《スエイイー》」と言って飲むようにしよう。ちなみに随意は、〝自分のペースで飲みます〟ってことだ。そうはいっても酒の席。相手に酒を勧められてから断るのは失礼なときもある。そんなときは、「健康上の理由で医者に止められていて……」とあらかじめ言っておく手も。ウソも方便。だって、酒と戦って酒に負けてしまってもしかたないからね。

ニャンバー⑩

## ゴルフもマイペース

中国でゴルフといえば、まだ一部の富裕層向けのスポーツだ。だから、一般の人たちなんて、ルールを全然知らなくて当たり前。もし中国のゴルフ場に行ったとしても、前後の組のマナーなんていちいち気にしないこと。だって、みんな他人のことは気にせず、マイペースでプレイを楽しんでいるからね。最近では、商談目的でゴルフ場にやってくるビジネスパーソンも増えてきたけれど、それでも「まずは健康第一で楽しもう！」と考えている人が多いのさ。

ニャンバー⑪
## 霊がさまよう鬼月

「鬼月」は日本のお盆のようなものだけど、期間が1ヵ月あるんだ。その間、あの世からやってきた〝鬼（死者の霊）〟にお供えものをしてご馳走したり、お小遣いに「紙《チ》銭《チエン》（あの世で使うためのお金）」を燃やしたりするんだ。鬼月にはやってはいけないことがたくさんあって、旅行や引っ越しはダメ。夜の洗濯もダメ。鬼は濡れた服が好きで、夜に干された洗濯物に取り憑いちゃうのさ。人の肩には鬼除けの火が灯っていると考えられているから、人の肩を叩いたりしてもいけないいんだぜ。

ニャンバー⑫
## 賄賂の習慣

政治家が裏金をもらっていた！――そんなニュースを日本でも耳にすることがある。でも中国では、ごく普通の会社員が賄賂を受け取った、なんていう話も日常茶飯事。現金で賄賂を渡すのが一般的だけど、小切手で大金をやりとりすることもある。ちなみに中国では、小切手の金額が改竄《かいざん》されないよう、額面を大字と呼ばれる数字で書いておかなくてはいけない。例えば、「零《リン》壹《イー》貳《アル》參《サン》肆《ス》伍《ウー》陸《リヨウ》柒《チイ》捌《バー》玖《ジヨウ》（0123456789）元」という具合だ。ただし賄賂は犯罪になることもある。要注意だぜ!!

ニャンバー⑬
誠意のカタチ
秋休みをとって日本に遊びに来たリュウ——
やっぱり京都はいいねえ
湯豆腐懐石は豆腐ばっかりでショボかったけど……
リュウ あの旅館っす 仁楊仁楊《ニャンニャン》旅館を予約してあります
仁楊仁楊
お客様のご予約は承ってないようですが……
え？
そんなハズは……
ネットで肉球旅行社に予約しましたが……
少々お待ちください もう一度調べてみます
ちょっと不安…
…
何やってんのワタナベ〜
大丈夫っす 確かにわたし予約しましたから
ちゃんと予約したの—
ありました! でも来週のご予約となってます
ワタナベさま リュウさま
え？そんなバカな…
本日はあいにく満室でして…
旅行代理店に聞いてみてよ〜
もうロビーで20分も待ってるよ
はいはいわかりました

どーも申し訳ありません
こちらの予約の入力ミスでした!
ペコ
ペコ
ペコ
ペコ
マネージャーさん
ただ今お部屋を用意しますロビーでお待ちください
ペコ
ペコ
ずいぶん待たせるね
VIPルームかな
そんなわけないっす
ふつうのへやっすよ
え?だって向こうのミスだろ元の部屋よりゴーカな部屋にしてくれてあたり前じゃない
あたり前っすか?
大変お待たせしましたお部屋にご案内します
マネージャーさん
こちらです大変申し訳ありませんでした!
ペコ
ワタナベフツウの部屋だよ
だから言ったっす
今日はせっかく早い便で来たのにもうこんな時間だよ
その辺を散歩でもしてゆっくり夕飯食べましょう
あ〜あ
翌日
昨日は大変もう——

もう
いいよ!!
もう
謝らなくて
いいから!
ありがとう
ございます
中国なら
問題解決したら
それでおしまい
いいことも
悪いことも
次の日には
引っぱらない
いつになく
シュショウ
っすね
でも……
何かくれると
思ったのに
それより
誠意が
ないねぇ
え?
やだなぁリュウ
誠意があるから
謝ってたんですよ
にゃにっ?
誠意ってのは
ふつう
具体的な
もんだよ
ワタナベ……
は?
たとえば
宿泊代を
タダにするとか
ゴーカな食事券
くれるとか
お土産くれる
とかさー
カタチに
してこその
誠意だよ
へ…
何度
謝られても
全然こっちは
得しないよ
おまけに
あんな辛そうな
カオされて
謝られたら
こっちも気を
遣っちゃうよ
…
あ〜あ
気を
遣った分
損した〜
それは
すみませんね…
わたしが予約して
気を遣わせ
ちゃって…
ワタナベ
謝るなら
誠意を見せて
ウマい飯
ごちそう
してよ
ぜんぜん
シュショウじゃ
ないっすね…

東京に戻って
昼飯でも食いにいこーかな
ピロロ〜ンピロ〜〜ン
お〜ワタナベ…
リュウ！今日頼んでおいた会議の通訳をサボったでしょ
え？
そーだったけ？
ずーっとマナーモードにしてたんだワタナベ運が悪いねー
ホントに困りましたよ
新定食800円
ランチ
ワタナベの中国語がヘタクソだからそーゆーことになる
え？わたしのせい？
それに昨日ワタナベが確認の電話をくれないからだよ〜
またわたしのせい…
コレね
京都の旅館だって確認が甘かったろ〜
ぐ…
以後気をつけろよ
はいすみません……
ぶちっ
はっ
なんでわたしが謝る……
あ…
さらに翌日
あっわたしの好物の東京猫ばなながが……
なんで…？
お手紙…
ワタナベこれからはちゃんと確認の電話を入れるように
これが誠意ってもんだよリュウ
東京猫ばなな
猫菓堂
なんだかエラソーな誠意っすね…
…

食べられない誠意ならいらない。そんなあなたに『ニャンでも比較文化論』。

ニャンバー⑭
“褒《ほ》め言葉”に要注意!
ガラ…
すみませーん 残業で 遅れちゃって
居酒屋
魚が旨い
商い中
おーきたね
遅刻したから 今日は ワタナベの おごりね
え…?
かわいいコが いるからって 誘ったの そっちじゃん
中国では 誘ったほうが おごるんじゃ ないの?
ここは 日本だよ
どーん
ナマが こんなにたくさん ブキミな料理…だね~
リュウの 大学の 後輩の 小梅《シアオメイ》よ
小梅の 友だちの 蘭蘭《ランラン》です
あ… ワタナベっす
日本に 旅行に来たら リュウと 偶然 会っちゃったの
ワタナベさん 中国語上手ね
へえ… まだ名前しか いってないっす…
蘭蘭さん かわいいっすね…
ヒソ…
だろ
ナマ…
何を コソコソ 話してるの?
あ…
い…いえ 蘭蘭さん キレイ ですね
…
…
…

カンジワル～イ
え…
どうしました小梅さん…
小梅さんリュウの後輩ってことは超一流大学
小梅さん頭いいっすねー
オイオイ
ワタナベ…
カンジワル～～～イ
え…
なんか2人がヘンだ…
リュウ…わたし2人を褒《ほ》めたのになんで…
バカだなあワタナベ
中国語で褒めるときに蘭蘭さんは〝キレイ〟って言うだけだと小梅さんは〝ブス〟
え…うそ…
小梅さんは〝頭がいい〟だけだと蘭蘭さんは〝バカ〟って意味に受け取られちゃうんだよ
ほめられた人以外はみんなブスでバカ
ホントっすかー…っ
中国語で褒めるときは「とても」をつけないとダメだよ
でないと失礼になるよ
「とてもキレイ」「とても頭がいい」
たゅげ～っ
何で事前に教えてくれないっすか～～っ
小梅さんも蘭蘭さんもとても美しくてとても聡明でとても魅力的でとても…
ほめすぎだよ…

ごきげんをなおした2人
ワタナベさんどこに勤めてるのー
ここっす
さっ
見てーっ
スゴ〜イ大手企業よーっ
にゃははは…
じゃあ給料も一流だねーーーっ
でへへ……
そーでも……ないっすよ……
そーでもありそうなカオだぜ……
月給いくらー？
ボーナスなんぼー？
え……？
カタまってる
言って言ってー
どーせ結婚したら給料の全額をわたしの口座に振り込むんだから〜っ
なにがなんだか……
給料を訊いたり言ったりするのは中国ではごくあたり前のことだよ
あたり前……
結婚する条件はわたしの名義で車つきマンションを買ってくれることよーっ
のりのり
のりのり
結婚……？
車つきマンション……
もうなにがなんだか……
小梅はまだ25歳じゃないんだっけ？
ちょーど
25歳
え？年齢と車つきマンション何かカンケーあるんっすか？
中国では一般的に25歳までの女の子は結婚相手を見つけやすいから条件をいろいろ出したりするもんなのさ
蘭蘭さんはおいくつですか？

わたしは28歳だから相手に要求できるのはせいぜいマンションくらいよ
せいぜい…
マンションだってそーとースゴいっす……
じゃ30歳過ぎたらどーなんの?
呼吸さえしてればOK!
じゃあわたしあと2年待ちます
ケチくさいネコだね……
オレあと1年したら手が出る予定なんだけど……なあ…
ちょっとトイレ……
あ…小梅さん身分証落とし…
ぽと…
あれ小梅さんの誕生日って明日なんで——
身分証
はっ
え…
誕生日のぞき見するなんてサイテ——っ
え…
ひろってあげたのに……
あ〜あワタナベやっちゃった〜
とにかく誕生日だけはタブーなんだよねー
何かやっちゃったんすか…
ワタナベさんひどいわー
ウソの誕生日だって言っておけば大丈夫よ
仮にワタナベとつきあうとするだろでもうまくいかずに別れたとするそのとき誕生日を知られていたら祈禱師を通じて呪いをかけられる心配があるからさ
なにいってんのそんなことしないっす
中国人にとって自分の誕生日は超極秘情報なのさ
なんだか中国の女性と結婚するのは難しそうっすね……
ホラ早く彼女たちのごきげんとれよ

誕生日を尋ねられたことがない。そんなあなたに『ニャンでも比較文化論』。

ニャンバー⑮
美味しいクレーム処理
お客さんからのクレームってどうしたの？
昨日 納品した商品の梱包箱が破損してたってシャチョーが文句言ってきたの
で日本から再発送しようと思うんだけどどう思う？
中の商品に問題ないんだろ
でもとりあえず謝って……
謝る必要がない！
え…？あやまらなくていい…？
商売の基本は対等関係 いったん謝るとずっと頭があがらなくなる 絶対ダメダメ！
じゃあどうすれば…
なかったことにするのさ
もみ消し！
え…もみ消しって…
大丈夫 大丈夫 オレにまかせろよ
海龍蝦《ハイロオンシア》レストラン
悪い 悪い 遅れて……
げにゃっ……
営業ブチョー
シャチョー！
あ！リュウ来ましたか

ワタナベ今日のホストは誰？
やだなぁわたしに決まってんじゃないすか
なにすってんすか…
ホストがシャチョーのいますわってる一番奥の席にすわるんだよ
シャチョーをホストの席にすわらせてどーする
エライ人はホストの右側
シャチョー用にこんなゴーカなイスを用意してもらいました
シャチョーこちらにどーぞ
キラランッ
シャチョー営業ブチョーどーぞお好きな料理を選んでください
え…どうしたの？
……
みなさん料理はもう頼んでありますカンパイしましょー
え…なにいってんのリュウたのんでないよ…
ばかだなぁー客に料理を選ばせたら客が遠慮しちゃうだろー
それよりまずカンパイだよ
え…？リュウからメールが…
それじゃとりあえずビールを…
わかったよカンパイね…店員さ〜ん
2本…
ガーーん…
シャチョーカンパイ用に高級紹興酒を頼んであります！
ビールで腹をふくらませといて料理をケチるつもりだな……
え……とりあえずビールはNG!?
またリュウからメール

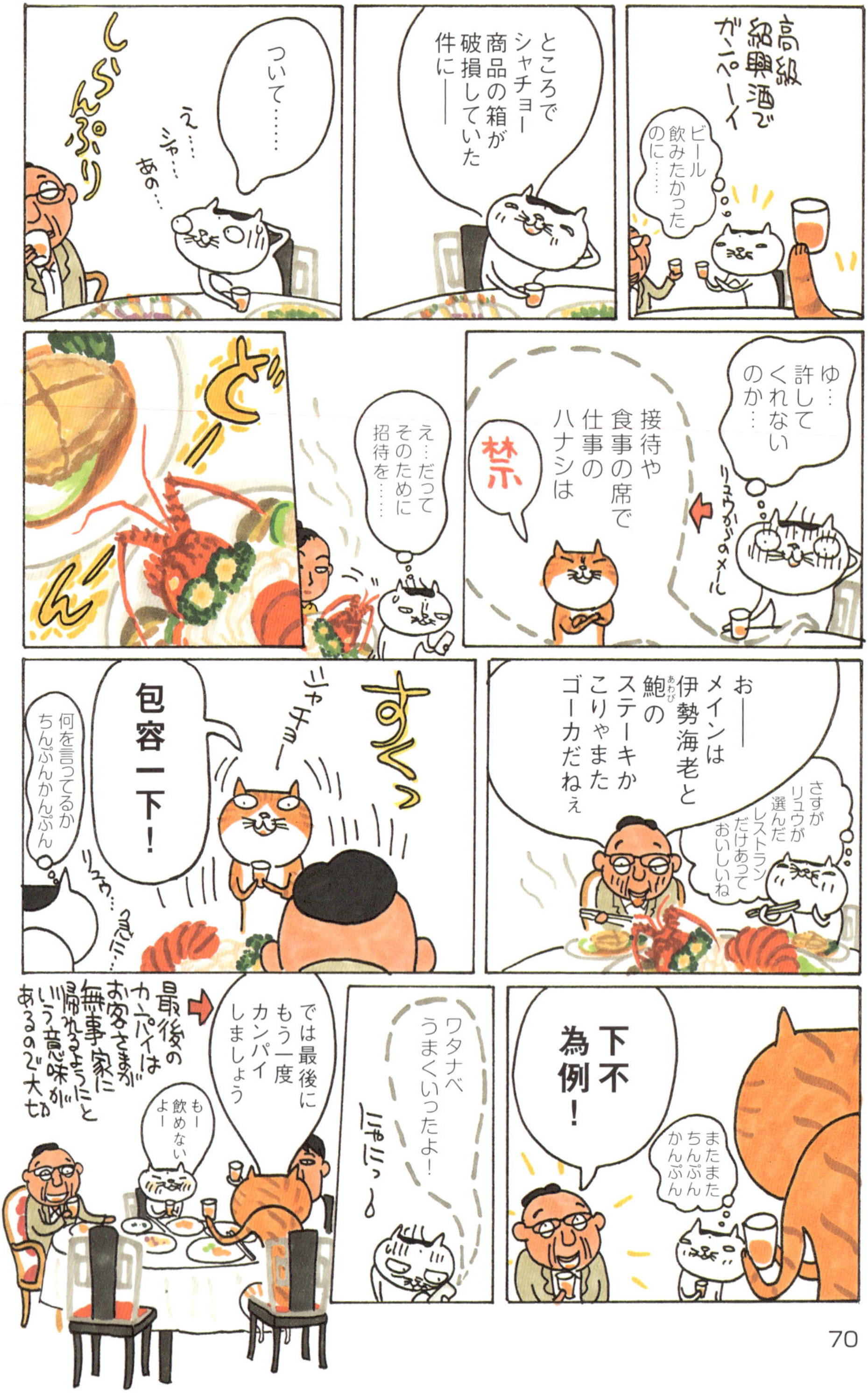

高級紹興酒でカンパーイ
ビール飲みたかったのに……
ところでシャチョー商品の箱が破損していた件に——
ついて……
え…シャ…あの…
しらんぷり
ゆ…許してくれないのか…
リュウからのメール
接待や食事の席で仕事のハナシは
禁
え…だってそのために招待を……
どーん
おー——メインは伊勢海老と鮑《あわび》のステーキかこりゃまたゴーカだねぇ
さすがリュウが選んだレストランだけあっておいしいね
すくっ
シャチョー
包容一下!
何を言ってるかちんぷんかんぷん
リュウ…
下不為例!
またまたちんぷんかんぷん
ワタナベうまくいったよ!
にやにやっ
では最後にもう一度カンパイしましょう
もー飲めないよー
最後のカンパイはお客さまが無事家に帰れるようにという意味があるので大切

シャチョー 営業ブチョー これは世界遺産 富士山の おみやげです
どーぞ 富士山せんべい
ワタナベが みなさんのために わざわざ登って 買ってきたんです
東京駅で 買ったんだよ…
軽いね
荷物に ならない ように…
軽いって ことは つまり安いって ことだよ
う～…
ホント
今日の 鮑と 伊勢海老 おいしかったね
じつは 今日の料理には 大事な意味が あるんだ
オレがブチョーに
「包《バオ》容《ルウオン》一《イー》下《シア》」
って言ったろ
そうそう コレなーに?
中国語の「鮑《バオ》」の発音は「包」と同じ 伊勢海老は中国語で「龍蝦《ロオンシア》」「龍」は「容」「蝦」は「下」と ほぼ同じ発音なんだ
「包《バオ》容《ルウオン》一《イー》下《シア》」「包《バオ》龍《ロオン》魚《ユイ》蝦《シア》」
おー ほとんど同じ 発音です…
包容一下は “カバーしてくれ” という意味
つまり 鮑と伊勢海老の 料理は裏の意味で 今回の箱の破損の件を 「聞いてない見てない」 ということに してくださいって いうことさ
それで社長は 承知したと…
もちろん!
「没《メイ》有《ヨウ》白《バイ》吃《チー》的《ダ》午《ウー》餐《ツァン》」さ
ただの食事はない
よかった! 日本から再発送する 手間がはぶけました リュウ ありがとう
だいぶ高く ついたけど…
いいよ お礼のおみやげ もらっといた から
それ超高級 紹興酒 じゃ……
ワタナベ 持っといてね
勝手に…
ずっしり
紹興酒
請求書

同僚に「見て見ぬふり」をされる。そんなあなたに『ニャンでも比較文化論』。

## ニャンバー⑯ 中国人は不親切？

中国空《コオン》猫《マオ》空港――
ワタナベ遅いよ
いやあ～～まいりました
チェックインしようとしたらリュウと一緒に予約したはずのわたしの席がないって言われたんです
きっと席を別の客に売ったのさ
なんでわかるんっすか…
冗談じゃないっすよ大変だったんですから…
オレと一緒に来ないからだよ
えっわたしのせい!?
あれ…そういえば搭乗時刻は――
とっくに過ぎてるけど飛行機もまだ来てない
こんなに遅れてるのに何の放送もないんっすか……？
ない
日本ならうるさいくらいアナウンスするのに……
中国の国内線ではよくあることさ
ほったらかし…
よくあっちゃ困ります
乗務員の人に尋ねてきます
ちょっとリュウ！
尋ねてもぜんぜん答えてくれないよ
ふしんせつ!!

中国ではこういうとき誰に何を言ってもムダ
体力のムダ
ムダ……?
みんな自分の非を認めたくないからね
もし認めちゃったら大変!
怒濤《どとう》のようにクレームが押し寄せてきちゃうだろ
責任とらされちゃうよ
……
せめてどのくらい遅れるか教えてくれればいいのに…
ワタナベ……
わかった!2時間くらいだ!!
え…?なんでわかるの?
ホラ見て!
航空会社の人がお客に水とパンを配ってるだろ
は…?
お腹が空くとみんなもっと機嫌が悪くなるからね
腹を膨らませて当分は文句を言わせないつもりっすか…
口封じ……
ぱく
ぱく
ぱく
そういえばワタナベオレがこの前教えてやった安くてウマイ店行った?
行ったには行ったんですが…
烤肉
リュウの言ってた店ってこの商店街だよね
どこにあるのかな?聞いてみよーかな

すみません この店は どこ?
あっち あっち
さっ さっ
え…?
あっち すか?
しばらく「あっち」に行ったあと……
この店は どこ?
あっち あっち
さっ さっ
あー あっちっすか
右に まがるのかな?
また しばらく「あっちの右」に行って……
さっ さっ
あー また 右かな…
さらに「あっちの右」に しばらく 行って……
さっ さっ
え… うしろ?
ガーん
なんだよー 最初に 聞いた店の 3軒先じゃ ないかー
中国では いったい 何人に 尋ねたら 目的地に 着くんっ すかー!
信じらんないっすー
まー みんな 自分の店と カンケーない ことだし…
いくらカンケー なくたって〜
不親切 すぎっす
中国人は ただ単に 不親切って わけじゃなくて 他人となるべく 関わらない ようにしてる だけなんだよ
なんで?

もし他人と関わって何か面倒ごとが起こったら責任とらなきゃいけないだろ
日本では考えられないようなトラブルもあるからな〜
たとえばワタナベが通りがかりに…
おばあさん大丈夫ですか？
病院につれ〜…
う〜
おまわりさん…こ…このネコに突き飛ばされた……
ひどい猫だ…
うっそー
そこのネコやってない証拠はあるか？
金目的
そんなことになったら困るだろ
でも中国人は一度親しくなると超親切だよ
あ…そういえば空港に来る前豆豆《ドウドウ》さんからプレゼントもらいました
ワタナベさんカゼひかないようにねー
わっ！赤いハラマキ
よかったな赤は縁起のいい色だから厄除《やくよ》けにもなるよ
豆豆しんせつだね…
お…おせっかいと思われるくらい親切っすね……
あれ…もうとっくに2時間経ったね…
ねえリュウ…あれあれ見て！
また何か配って…
…
やったお弁当だーー！
え…お弁当って…
ワタナベー中国のお弁当は機内食よりおいしいよー
ぱく ぱく ぱく
あのひこーき…
もしかしてもっとだいぶ遅れるとか？
うん6時間くらい！
ぱく
うまいからそれくらい待ったっていーじゃん
…
ボソ…
ぱく ぱく

誰にでも親切な人は、信用できない。そんなあなたに『ニャンでも比較文化論』。

## ニャンバー⑬ 謝罪と誠意

日本人は自分が悪くなくてもよく謝るけど、中国人は反対。たとえ自分が悪くてもすぐには謝らない。謝れば自分の非を認めることになるし、そうなれば相手から何を請求されるかわからないためだ。だから自分の非を認めず、逆に相手の非を探し出す。ただし、その場で言いたいことを言って、両者が納得すればケンカはおしまい。翌日に引きずったりはしない。ちなみに仲直りのコツは「誠意」を見せること。つまり、〝相手のトクになる何か〟をあげることなんだ。

## ニャンバー⑭ 結婚相手に求める条件

一昔前の日本では「三高」という言葉が流行ったけれど、いまどきの中国人女性が結婚相手に求める条件も同じで、理想は自分より収入も学歴も身長も高い人。特に身長は中国人にとってかなりの重要ポイントで、背が高い男性は結婚だけでなく就職でも有利だと言われているんだ。それから、中国人女性は「奴才《ヌウツアイ》」な男性が大好き。奴才とは「一途な男性」という意味で、たとえば『西遊記』の猪八戒みたいに好きな女性の言うことには絶対服従するタイプのこと。あぁ、男ってつらいね。

## ニャンバー⑮ 伊勢海老料理の意味

中国でビジネスに成功したければ、「大《ダー》事《シ》化《ホア》小《シャオ》事《シ》　小《シアオ》事《シ》化《ホア》無《ウー》事《シ》」ということを覚えておくといいだろう。〝大きな問題は小さなこととして済ませ、小さな問題は無かったことにする〟という意味の言葉で、これを実践する際には、〝伊勢海老〟を使った料理が重宝される。中国語で伊勢海老のことを「龍蝦《ロオンシア》」と言うが、「龍」は耳が聞こえない「聾《ロオン》」と同じ発音で、「蝦」は目が見えない「瞎《シア》」と同じ発音。だから、「問題をもみ消してほしい！」というときに開く接待を〝龍蝦宴〟ともいう。

## ニャンバー⑯ 自分の情報を守る

道で怪我をしている人を助けようとしたら、治療費目的で警察に突き出された――。そんな、日本では想像しがたいトラブルも多い中国では、「なるべく他人に関わりたくない」と考える人が一般的だ。また中国人は、自分の情報を他人に教えることもできるだけ避けようとする。たとえば、親しくない相手に電話をかけるときも「もしもし、××さんですか？」と言うだけで、自分の名前は伝えないことがほとんど。もちろん電話に出るときも、自分からは名乗らないのが普通なんだ。

ニャンバー⑰
中国骨董街の"妖怪"
北京の骨董街楽しみにしてたっす
るんるん
ぱしゃ
そう？骨董街には霊がうようよしてるよ
ワタナベが骨董にキョーミがあったとはねぇ～
ぱしゃ
霊ってなんっす？
骨董品に霊がついてるんだよ
あれ？なんだろこのぼ～～っとした白い光の点
2匹とも同じ所!! ズ～ム～
そのぼ～っとした光きっと霊だよ前の持ち主の執着心だぜ
ぼ～
え……
うそ…
きっと前の持ち主が…
これだけは……このツボだけは誰にも渡さん…
じいちゃ～～ん
かくっ…
…
わしのツボ～
わたさんぞ～
ずし…
なんか妙に重いなこのツボ
へっへーオヤジのツボけっこう金になったぜー
そのじいちゃんとか
へ…変なこと言わないでくださいよ…
ぞっ…
消去しちゃお…
見て見てリュウこの皿いいと思いません？
ワタナベ骨董品屋には妖怪も出るから気をつけろよ
デロロロロ～ン

え？妖怪が出る……？
もしもーし
あ…
これいくらですか？
120
120元ってことは約2000円
安いね！
なんでも値切らないとダメだぜ
ちょっと高いです
珍品だから値段も張りますよ
そこをなんとか…
ちょっと安くしてください
仕方ないなあ日中友好のため100にしてあげる
これ以上は絶対まけられないよ
じゃいただきます！
はい
違うよ100だよ
え？コレ100でしょ
ワタナベ100ってのは100枚のことだよ
100枚って？
100元札で100枚
うそ…それじゃ1万元じゃん！
じゃ一万元っていえばいいじゃないっすか…
中国の骨董業界では値段を安く見せるためにわざと価格を小さな数字で言うんだよ
なるほどねどーも安いと思った……
それにしても高すぎ…そんなの買えないよ
次の店にいこー！
せっかく安くしてあげたのに買わないの…

これ いいですね デザインも 色も好き
あんた 見る目 あるね
いくら ですか?
6
6だから 600元 か……
ちょっと 安くして!
一分銭一分貨《イーフェンチエンイーフェンフォ》
どういう 意味?
金額に 見合った価値が あるという意味
ホウ
ここ 見て!
かびんの裏
これは 清の時代の ものだって
乾隆
「乾隆」って 書いてあるけど それって いつなの?
一七三六〜 一七九五
かひ〜ん
すごい! 250年前の かび〜ん!!
でも お客さんなら 5でいいよ
え〜〜っ 5でいいの〜っ
つん つん
ワタナベ 妖怪が 出たぞ!
え? ようか…
カタン
ささっ
……
にゃゲゲゲゲ
だだだだ
にゃ〜〜っ
…

ただの黒ネコだよ〜 なに驚いてんだよ
だってリュウがようか……
ぜーぜーぜー
もう一軒だけ行ってみよう
え? もういいっすよ……
あ! リュウ見て
これさっきの店の花瓶と同じだ
ワタナベそれ1だって
え…1!? 安い!
高い!! 安くして
ワタナベ80元でいいって
ただしその花瓶は妖怪だけどね
にゃげ〜っ 妖怪〜〜〜!
やだなぁワタナベまだわかってなかったんだ
「妖怪」は「贋作」のことだよ
うぅ あぶない……
え?
ニセモノ?
そうさ 妖怪は人の正気を失わせる力がある 変身して人を騙《だま》したりするっていうだろ
だから贋作を業界用語で妖怪と言うのさ
そーだったんっすかー 早く言ってくださいよー
でもリュウのおかげで花瓶が80元で買えちゃいました
80元なら妖怪でもいいよ
貨《フォ》比《ビー》三《サン》家《ジイア》 不《ブー》吃《チー》虧《クエイ》さ
買い物は3軒比べたら損しないってこと
あれ? 黒ネコちゃんがわたしをじっと見つめてます 気に入られたんっすかね
中国では黒ネコには霊が見えるって言われてるんだ
きっと最初の店でついたんだ……
ゴ〜ン
うそ——!!

訪問販売の壺を買ってしまった。そんなあなたに『ニャンでも比較文化論』。

## ニャンバー⑱
## 「陰陽」で医者いらず!?

老猫豆漿店
ワタナベ食欲ないね
最近疲れがとれなくて体調イマイチ…
カゼ気味っす…
天気もいいし…
ちょっと市場でもぶらつこー
えーホテルで休みたいのに〜
ヨロ…
おばさんそれ一羽ちょーだい
え…？
ぶらーん
リュウ…トリを丸ごと買いますか…
当たり前だよなんで？
中国はすごいっすね…なんか生々しいってカンジ…
なに言ってんだよ
日本のスーパーじゃなんでも切り身で並んでるけど同じもんじゃん
リュウそれどーすんの？
もとがどんなもん食べてんのかわかってんのかねえ〜
オレんちでオレが料理してワタナベに食べさせてやるよ
え？リュウ料理できるんすか…？
当然！中国の男はたいてい料理作れるよ
オヤジがよく言ってた料理ができれば食いっぱぐれることはないって
日本の男子もカレーインスタントラーメンくらいは…

それなら
わたし この
北京ダックが
いいなー
ニワトリなら
日本でも
食べられるし…
おまけにコレ
調理済みだから
便利っす
だめ！
え？
高いから
っすか？
ワタナベは
風邪気味
なんだろ
中国では昔から
この世の
すべてのモノには
「陰」と「陽」が
あるといわれて
いるのさ
いんよう
くるくる
いんよう
ふ〜ん
このマーク
みたことあるよ
たとえば
「天」は「陽」
「地」は「陰」
「表」が「陽」
「裏」が「陰」
「文」は「陽」
「武」は「陰」
食べ物も
同じさ
同じトリでも…
ニワトリ
は「陽」
アヒルは
「陰」
料理法も
煮込みは
「陽」
焼きは「陰」
にゃるほど
リュウの家
風邪気味のときは
「陽」がいいんだ
なんで？
風邪を引いたり
体調を崩したり
するときは
体がいつもより
「陰」の状態に
近くなる
だから
食べ物で
「陽」を
補って
やるのさ
ぶつ ぶつ ぶつ
だいたんな
男の料理
っすね…
漢方も入れる
クコの実
黒ナツメ
などなど
ホントに
体によさそうっすね…
ニワトリ
スープは
栄養たっぷり
だから
中国ではよく
産後の女性が
飲むんだよ
代々わが家では
そう伝わって来た
ぱた…
リュウは
食べ物のこと
いろいろ知って
ますねぇ
ワタナベが
知らなさすぎ
中国では
相手に料理を
勧めるときに
どんな効能が
あるかを
伝えないと
喜んでもらえ
ないからね
茉莉花茶《じゃすみんちゃ》
だよー
ビタミンC
やEや
ミネラルが
豊富だよ
すんませんねぇ
お茶まで…

中国人は健康オタクなんっすね
うぅ〜ん いい香り
周りが教えてくれるから小さい頃から自然に覚えちゃうんだよ
日本じゃ陰陽を考えて食事する人なんかめったにお目にかからないっす
わたしは一度もお目にかかったことないっす
日々の体調を整えるためにもみんな知っとくべき
陰陽ってそんなに身近なもんなんですね
そうさとにかく理想は「陰」と「陽」のバランスがとれた「中庸」の状態
ふ〜ん
ちなみに体全体の状態だけじゃなく体の一部分にも陰陽があるよ
たとえば右手が「陰」で左手が「陽」
じっ
あっ福《ふく》禄《ろく》寿《じゅ》だ
え……？何っすか？ふくろく…って？
ワタナベの手相見てやったの
ここがぷくぷく膨らんでるのは福の手相
ぷく
ぷく
リュウだって同じじゃないっすか……
ワタナベ――できたよ――
猫族はみんな「福」の手相っすよ……
ホントに手相みれるんっすか…？
うまい〜〜っリュウ料理のウデいいっすね〜
このくらいふつーだよ
ワタナベができなさすぎ

トリ一羽は食べごたえあります
お腹いっぱ〜い
なんか体調もよくなったよ〜な…
ワタナベレンコンスープだ
え…?またスープ……?
レンコンは「血液の掃除屋」って言われてる
血液がキレイになるなら飲みますよ
なんだかよくわからないけど
ぐげ——もうこれ以上は……
ワタナベ緑豆湯《リュドウタン》だよ
緑豆はもやしの原料
え…またスープ……
これはデザートの甘いスープ
ワタナベの顔に吹き出物ができてるよ
緑豆は解毒作用があるからニキビに効く
え?そーっすかこのニキビ気になってたんっす
薬つけてもなかなかなおらなかったし
飲みます飲みます
いっぱいのむが——な
サツマイモのスープも解毒作用があるよ一緒に飲まないと効果半減!
かくーん
……
翌日 ホテルにて
ワタナベ体調はどう?
ぱた……
カゼはよくなったけど…
今日は胃の具合が…
うー
きのうたべすぎ…
…
胃の陰陽を整える料理をオレが作ってやるよ
ちょっと待ってよー
やめて…

「笑顔に陰がある」と言われる。そんなあなたに『ニャンでも比較文化論』。

# ニャンバー⑲ 三国志のヒーローは誰？

明日は曹《そう》シャチョーと接待飲み……
今回の仕事は手を焼きそうだなあ…
中国で商売はむずかしいよ
だったらワタナベそこの廟《びょう》に寄ってかない？
廟？
いろいろお願いしていけよ
寺とか神社みたいな所だよ
商売繁盛とか
リュウこの扉に描いてある立派なヒゲのおっさん誰？
関羽《かんう》
関羽？三国志の？
そうよく知ってるねー
三国時代の蜀《しょく》の武将その立派な顎《あご》ヒゲから「美髯公《びぜんこう》」と呼ばれた
三国志
天下統一！
曹操
豪快で野心家
魏
張飛
短気だが率直
関羽
温厚
劉備
蜀
ほっほっ
諸葛孔明
知恵と計略に秀でたわたし
呉
みどりの目
孫権
むらさきのヒゲ
胴長短足…。
中国大陸
台湾
関羽は誠実だけどヘソ曲がり
関羽は商売繁盛の神サマさ
え？なんで三国志の武将が商売の神サマ？
関羽が敵陣に囲まれたとき敵の大将の曹操《そうそう》が言った
あんなちっぽけな国なんか見捨ててオレの部下になれ そうすれば命は許す！
キラ…

でも関羽は劉備《りゅうび》と兄弟の契りを結んでいたので裏切るくらいなら死を選ぶと言った
エッヘン! 忠義一徹!!
それと商売繁盛とどうゆう関係があるの?
なに言ってんの商売で一番大事なのは〝信と義〟さ
関羽の心意気とつながるだろ——
なんだか勝手に三国志のヒーローが商売の神サマに祀《まつ》られちゃったたって感じっすね…
知らぬは関羽様
じつは関羽はそろばんを発明したとも言われてるんだぜ
え? 関羽サマがそろばんを…っすか?
ただの伝説だけどね
中国ではそう言われてる
ニヤッ ニヤッ
それって関羽様をむりやり商売につなげてやしませんか……
それにしても関羽の顔って真っ赤っすよね まるで酒飲んでるみた〜い!
関《グァン》公《ゴォン》吃《チー》酒《ジョウ》看《カン》不《ブウ》出《チュー》来《ライ》
まさに宴席の商談はぴったりだ
は?
関羽の顔はもともと赤いからお酒を飲んでもわからないってこと
ワタナベみたいに酒に弱くてもバレないよ
おおきなお世話っすよ…
やっぱり関羽は商売の神サマにぴったりだね
明日の商談うまくいきますように…
中国式お参り

接待の翌日——
ホテルの喫茶店
どうだったワタナベ？
なんと曹シャチョーの事務所の入り口にも関羽の像が置いてありました
キンキラキン…
だから言ったろ商売の神サマだって
それでリュウに聞いた関羽のネタを話してみたら盛り上がっちゃって——
オレのおかげじゃん
報酬よこせよ～
中国の人と人間関係をうまく築くにはまず相手に自分を認めてもらうことが大切
一般的な話題に少し知識を加えて話すだけでもいいきっかけ作りになるよ
よかった～三国志のハナシ知っといて
にゃにゃにゃ
中国には三国志から生まれた格言がいっぱいあるよ覚えておいて損しないぜ
たとえば
三《サン》個《ゴオ》臭《チョウ》皮《ピー》匠《ジアン》 頂《ディン》個《ゴオ》 諸《チュ》葛《ゴオ》亮《リアン》
それ諸葛孔明っすね！
そう天才軍師の孔明
3人集まれば孔明《こうめい》よりもいいアイディアが出るってこと
日本じゃ三人よれば なんとかってやつ
ナルホド孔明は深い知恵のある人だからそんな格言ができたんっすね
説《シュオ》到《ダオ》曹《ツアオ》操《ツアオ》 曹《ツアオ》操《ツアオ》就《ジョウ》到《ダオ》
ってのもあるよ
曹操っすね
そうそうそう
ある戦の前日曹操が酒飲んで酔っぱらってたんだ
翌日その姿を見ていた部下が曹操の噂話に興じていたらなんと真後ろに本人が立ってた！
ひゃあそれはコワいっすね…
ぐっぐっぐっ 今なに言ってたの～
その格言迫力あります
日本じゃホラ ウワサをすれば なんとかってやつよ…

そうそう曹操っていえばね
関羽のハナシで盛り上がった後に曹シャチョーに訊《き》かれたっす
「ワタナベ君三国志で誰が好き？」って
関羽って答えたの？
はい
リュウにいろいろきいてたし…
関羽はさまざまな身分の人に教育を授けようとした〝学問の神サマ〟でもあるから尊敬できる
って言ったんっす…
それになんてったって陰険で野心家の曹操と戦ったヒーローだから
…って言っちゃったの…
そしたら曹シャチョーが
ワタナベくんキミは間違ってる三国志のヒーローは曹操だ！
なんてわけのわからないこと言っちゃってさ……
ワタナベ……言ってはいけないことを言っちゃったね
え？
曹シャチョーの出身地は安徽《あんき》省じゃないの？
曹操と出身地同じ
え…？だから名字も一緒…？
三国志のハナシは中国では盛り上がるんだけど…
じつは「三国志で誰が好きか？」というハナシは要注意！
中国では地方によって三国志のヒーロー像が違うからね
え…だって曹操って悪のイメ…ージが
じゃこの商談は…
おじゃんに決まってるだろ
リュウのほうしゅうなんてど〜でもいいっすよ〜
あ〜あオレの報酬もおじゃんかよ
ごちそーさまー
お気の毒さまー

「三国志で誰が好き？」と訊かれたら「横山光輝」と答える。そんなあなたに『ニャンでも比較文化論』。

## ニャンバー⑳
# お見舞いに行こう!

リュウもう着いてましたか
ぶちぶちっ
荘《チョアン》シャチョーが入院したって聞いて…
びっくり…
大丈夫っすか?
大丈夫だよ 階段で転んで床に頭ぶつけて大《だい》腿《たい》骨《こつ》骨折だって
それおみまい品?
けっこうなおケガじゃないっすか
ワタナベ 病院に入る前にこれ持ったほうがいいよ
何っすか それ?
ヨモギの葉っぱ
病院から何か悪いモノを一緒に連れて帰らないようにさ
昔から魔よけっていわれてるお守り
この葉っぱがお守りっすか
ガジュマルやフヨウの葉でもいいけどね
リュウ あっちのエレベーター すいてますよ
リュウ早くー
それは急患専用だ…
のろのろ
よ
ガー
え…
うそ…なんで開くを押してるのに閉まるの――っ
ギュ
あ…開いた
ワタナベ降りたほうがいいよ
カー

ぶ〜ぶ〜〜っ
な…なんで誰もいないのに重量オーバー……
たぶん満員なんだよ
え…
壊れてるだけじゃないんっすか
並んであっちのに乗ろーぜー
荘シャチョー具合はいかがですか?
やあワタナベくんかー
はっはっ2週間もすれば退院さ
そうそうお見舞いの品を……
ガサガサ
……
手前みそだけどりっぱな果物の盛り合わせだね〜
シャチョー急用の電話が!ちょっと待っててくださ〜い
リュウなにするの?せっかくシャチョーに……
ハッ
う〜っあぶないあぶない…!
なんでそんなもの持ってきたの?
え?だってお見舞いといえば果物ですよ栄養もあるし消化もいいっす
ワタナベバナナはダメだよ
バナナは中国語だと「香蕉《シアンジアオ》」で「想招《シアンヂャオ》」の発音に似てて〝病気を招きたい〟って意味になっちゃう
え?ホントっすか
じゃバナナは抜きましょう
よかった リュウに教えてもらっといて
パイナップルもダメ!

パイナップルは葉が広がってて病気がどんどん発展しちゃう
え…
うそ…盛り合わせがだいぶショボくなっちゃった…
梨なんか絶対にダメ！
……
「梨《リー》」は「離《リー》」と同じ発音で〝別れる〟の意味
この世にお別れ
じゃ…残るのはリンゴだけじゃないっすか……
ざ〜んねんながらリンゴもダメ——っ
なに冗談いってるの？
冗談じゃないよ
リンゴは「苹果《ピングオ》」病気で亡くなる「病故《ビングウ》」と発音が似てるから超エンギワルい
护士
これどうしたらいいんですか……
どよ〜ん
オレが持ってきたタマゴ入れて渡せばいいよ
シャチョー骨折にはタンパク質ですよ！
毎日たべんだぞ〜
なんで…玉子でシャチョーあんなに喜ぶ…
そろそろおいとまいたします
シャチョーお大事に
再見《ザアイジエン》！
ぱたん…
702
ワタナベ病院で「再見」は禁句だよ
え…
「再見（バイバイ）」の元々の意味は〝再び会う〟
つまり〝病院でまた会う〟ってこと
にやげ〜
1カ月後 日本
あやのさんが入院してるのはここですね
611
コンコン

お見舞いされたことがない。そんなあなたに『ニャンでも比較文化論』。

あ……リュウも来てたんすか
心配で来ちゃったよー
ふたりともありがとう
あやのさんこれお見舞いに…
え…？
ホントは出張で来たくせに……
コ…コレは？
オレが持ってきたの観葉植物
リュウ鉢植えは"寝づく"からお見舞いではダメっす
なに言ってんだよ
中国では植物の生長を楽しめるようにわざわざ根がついたものを渡すんだよ
毎日がたのしくなるよ
ここは日本っす…
彼女だってホラー
鉢植えだと枯れなくていいわー
気を遣ってんすよー
帰り道
はっはー鉢植えを見るたびにきっとオレを思い出すね
ワタナベのは枯れちゃうからねぇ
ホントは出張で来たんでしょ…
そういやリュウは明日中国に帰るんですっけ？
ちょっと一杯どーっすか
安いヤキトリ屋だね…
やきとり
いーけどヤキトリなんてエンギワルいなあ……
なにがエンギ悪いんすか…？
ヤキトリは「焼鶏《シアオジイ》」ヒコーキが焼ける「焼機《シアオジイ》」と同じ発音だよ
ヒコーキの乗る前に食べるもんじゃないぜー
もしリュウに何かあったらお見舞いにいきますよ
差し入れは金でいいよ
言っとくけど…
翌日空港——
どーぞこれおみやげです
…
よもぎだんご

ニャンバー⑰

## 骨董業界の用語

中国の骨董品店に入っても、どれが本物でどれがニセモノだか、素人にはほとんどわからない。もちろん店主は「どれも本物」と主張するだろうが、疑わしかったら「別譲我吃薬《ビエルアンウオチーヤオ》（私に薬を飲ませるな）」と言ってみるといいだろう。「吃薬（薬を飲ませる）」とは、業界用語で〝騙す〟の意味。骨董の玄人だと思って、掘り出し物を紹介してくれるかもしれない。他にも、中国の骨董業界にはたくさんの隠語がある。「骨董《グウドオン》」という言葉自体も「古《グウ》玩《ワン》」「古董《グウドオン》」「谷董《グウドオン》」などとも表現する。

ニャンバー⑱

## 陰陽と五臓六腑

中国の漢方医学では、健康には食事の「陰陽バランス」が大事で、陰陽どちらか一方の食べ物を摂りすぎると、癌になりやすいといわれているんだ。食材ごとの陰陽を覚えるのは大変かもしれないけど、興味のある人は薬膳料理の本を読んで勉強してみるといいかもしれない。また、人間の体にも陰陽はあって、例えば「五臓六腑」の五臓にあたる、肝臓・心臓・脾臓《ひぞう》・肺・腎臓は陰。六腑にあたる、胆嚢《たんのう》・小腸・胃・大腸・膀胱・三焦《さんしょう》（リンパ管）が陽だと考えられているのさ。

## ニャンバー⑲
# 関羽の愛刀

三国志の武将、関羽といえば、青龍偃月刀《せいりゅうえんげつとう》という武器を愛用していたことでも有名。青龍偃月刀は日本の薙刀《なぎなた》にも似た大刀で、関羽が使っていたものは重さが八十二斤（約50kg）もあったと言われているんだ。一般人には持ちあげることさえ難しい関羽の愛刀は、中国の人々がよく使うことわざにもなっている。「関《グアン》公《ゴン》面《ミエン》前《チエン》耍《シュア》大《ダー》刀《ダオ》」というもので、直訳すると「関羽の前で、大刀を操る」。転じて「専門家の前で自慢話をする〝身の程知らず〟」という意味で使われているのさ。

## ニャンバー⑳
# 病院と魔除け

中国では、病院は「陰気が強い場所」と考えられている。だから、医者も看護師も、誰もフルネームで名前を呼び合わない。患者は下の名前か、決められた番号で呼ばれるのが一般的だ。これは、目に見えない何か悪いモノに名前を覚えられて、〝別の世〟に連れていかれないようにするためなんだ。ちなみに、病院に入るときに持っていた〝魔除け〟のヨモギの葉っぱは、必ず帰るときに捨ててくること。でないと、悪いモノも一緒に持ち帰ってしまうかもしれないぞ！

## ニャンバー㉑ アブナイ黄色

中国の百貨店——
リュウ 荘《チョアン》シャチョーの会社の30周年パーティー どんなネクタイしめてったらいいっすかね
似合うね
やっぱり上品な白の蝶ネクタイかなあ?
なに言ってんの?
ヒラ ヒラ
白の蝶ネクタイ?
オレには極楽浄土を飛ぶ蝶々にしか見えないけどね
白は中国では西の方角を表す色で西には「お墓」のイメージがあるんだぜー
ごー
よりによってこんなお祝いの席で…
それに白と黒の組み合わせもエンギ悪いよ…
あ…そーっすかじゃ何色に…
ぶつ……
あのー
もしもし……
電波ゆるいのかな…
そーか中国ではおめでたい色は赤…
赤にしようかな
なんかハデ…お笑い芸人みたい…
他にエンギのよさそうな色といえば……
そーだこれにしよう!
パーティー当日
おーやっぱりおめでたい席は真っ赤っ赤だねー
会場

あ！荘シャチョー30周年おめでとうございます
これは日本のお土産です
おーワタナベありがとう
やあリュウ早かったねー
おーワタナ…
…
なにそれ？
え……？
なにそれって？
あ…このネクタイっすか？
いいでしょー これ中国では高貴な色っすよねー
風水でもエンギのいい色
高貴って…それただの黄色でしょ
いわゆる「皇帝色《ホアンディソオ》」じゃないよ
……
は…？
似たようなものじゃないんっすか？
ぜんぜん違うよ
皇帝色は昔の皇帝が着ていた「黄袍《ホアンパオ》」という服のような金色に近い上品で明るい色
黄色じゃないよ
エッヘン
じゃ…その色にすればよかったっす
なに言ってるの？
皇帝色の服を一般人が着るのは昔は御法度だったんだぜ
明・清の時代から官吏たちも着ないよ
はあ…そうすか…
パーティーの主賓でもないのにそんな高貴な色を身につけちゃ絶対ダメ!!
シャチョーやカイチョーなら主催者ならいいけどね
結婚式で花嫁が着る赤いドレスを客が着ないのと同じことさ
日本なら白っすけどね…
一種の配慮っすね

ちなみにただの黄色には「枯れる」や「未成熟」などの意味があるからお祝いの席にはふさわしくない
枯れる…?
葉が色あせて落ちる…エンギ悪い!
だからお祝いごとで黄色の物をあげるのもダメ!
え…
ホントっすか?
大変!
さっきシャチョーにこれをプレゼントしちゃったっす
まあぴよ子だからねえ…
いいんじゃない…
他にも黄色がつく言葉で――
……よくないやつっすか
「黄《ホアン》色《ソオ》電《デイエン》影《イン》」エロ映画
「黄色書《シュー》刊《カン》」エロ本
「黄色笑《シアオ》話《ホア》」エロ話
いや～ん
ネクタイとりますよ…
ネクタイとったらただのエンギ悪いネコになってしまいました
あとでスピーチするのにどーしましょ…
オレのを貸してやるよ
紫は大丈夫ですか?
「紫《ズー》気《チイ》東《ドオン》来《ライ》」さ
〝紫色の尊い吉祥の兆しが東からやってくる〟という意味
今日みたいなパーティーには一番ふさわしいぜー

たとえば中国語で「紅人《ホオンルエン》」は人気者！
「大紅《ダーホオン》大紫《ダーズー》」だと大人気!!
赤と紫が合体すれば中国でコワいものなしさ!!
ワタナベなにしてんだ乾杯だよ
あのお…
リュウビールはないの？
わたしの大好きなビール
ねぇ…
だからぁ〜めでたい席はビールや紹興酒とか黄色い酒で乾杯しないの
カンパーイ
乾杯は赤ワインに決まってるだろ!!
なんだか黄色がかわいそうになってきました…
1カ月後 日本――
しまったスマホ忘れた…！
でんわしなきゃいけないのに…
好久不見《ハオジョウブジエン》…
お久しぶり〜っ
仕方ない…
え…
なんでこんな所に…
誰の忘れもの…？
どーん
リュウのホテル
リュウこれ…
びっくりしたよぶあつい エロ本が置いてあるかと思ったぜ
持ってきちゃったのね…
だから〜
にゃっ にゃっ
イエローページ

イエローキャブのタレントが好きだった。そんなあなたに『ニャンでも比較文化論』。

ニャンバー㉒
偏財運で大儲け？
リュウ資料を…
あれ？いつになくしょぼくれてどうしたの
しょぼん…
オレの買った株がカミクズ同然になっちまった…
え？リュウの命より大切な株券が!?
そう…
先月売っとけばよかった…
もっと上がると思ったのに
くたーっ
欲の皮つっぱりすぎたんじゃないっすか？
真面目に働いてればすぐ取り戻せますよ
人《ルエン》無《ウー》横《ヘン》財《ツァイ》不《ブウ》富《フウ》
馬《マー》無《ウー》野《イエ》草《ツァオ》不《ブウ》肥《フェイ》
なんっすかそれ？
〝人は悪どくボロ儲けしなければ大金持ちになれない〟
悪どく儲ける…
リュウ気晴らしに呑《の》みにでも行きますか
ワタナベのおごり〜？
オレって「偏財運」がないんだよな〜っ
偏財運って何？
〝不当な金運〟のこと

不当？
盗んだお金？
っすか？…
なに
言ってるの？
ばり ばり
給料と違って
ふいに突然
舞い込むような
お金のことだよ
株ギャンブル
宝クジ
その運って
どーやって
わかるんすか？
四柱推命
みたいに
生年月日と
生まれた時間で
わかる
人は生まれた時から
そーゆー運が決まってるの
偏財運が悪いのに
なんで株を
買ったんすか？
そんなこと
言ってたら
大儲け
できない
だろー！
中国人は
投機が好きなんだよ!!
そーいえば私の株は
上がりましたよ
え～～っ
いくら儲けたの？
にゃっへっへっ
まだ売って
ないけどね
え～～～～っ
売ってない？
じゃあまだ
全然儲けて
ないじゃん！
株なんて
上がっただけで
喜ぶもんじゃ
ないぜー
喜ぶのは
売って手元に
お金が来てから
煮《チュ》熟《シュー》的《ダ》鴨《ヤー》
也《イエ》会《ホエイ》飛《フエイ》走《ゾオウ》
株なんて
そんなもんよ
カモが
どうした
って？
カモじゃないよ
中国で「鴨」は
アヒルのことさ
“飛ぶのが
下手な
アヒルでさえ
調理後に
飛んで逃げる”
ってこと
ぱた ぱた
ぱた ぱた ぱた
逃げる前に
さっさと
食べないと
ね…
ぱた
ぱた
ぱた
ごちそー
さまー
リュウ
カニ食べ
すぎ…
翌日
え？
株売ったの？
リュウの
マンション
そんなに
儲かったの!?
オレの
おかげだね～
じゃあ
その金で
海に遊びに
行こーぜー
ギュ
海で
偏財運の
勝負だぜ
わたしの
お金ですけど…

ギュウ
ざざん…。
ギュウ
ギュウ
週末——
リュウ 海に来て ホントに マージャン やりますか？
そーさ 爽やかだろ 海の中は 混んでるしね
お友達は 遅いっすね もう70分以上 待ってますよ
待ち合わせより 1時間近く早く 来たからね
えーっ なんでーっ？
北側の席を 取るためさ
北は いいっすか？
北は 財運アップ
家に金庫があれば 北におく
ワタナベの席の 西も悪くないぞ
あ！ 来たみたいっす
やあ！ 二人とも 空いてる 席に 座れよ
はじめまし〜 ワタナベっす
ところでリュウ わたしに内緒で 海水パンツを お揃いに したんっすか？
違うよ 赤い下着は 勝負運アップ
ボソ…
それに赤は 厄除けにも なるしね
ロン
和了《ホーラ》
…
リュウの 負けっす
ちょっと 失礼…
リュウ 海水パンツが 前後逆に なってます
これでいいの
180度回転
悪い運は後ろに おさらばさ！
運を引きよせる

〝勝負下着〟を持っている。

そんなあなたに『ニャンでも比較文化論』。

あがり
和了
ツモってあがり
自摸《ズモー》
にゃっほっ
調子づいてきましたね
またまたあがり〜っ
ぷるぷるぷる
リュウ手が震えてますよ
酒の飲みすぎだ
トイレに行きたいんだよ
ぷるぷる
行きたかったら行ってくださいよ
待ってますよ
ふはははは
その手には乗らないぜー!
ぷるぷる
は…?
ふんっツイてるオレをトイレに行かせて…
良い運をみんな流させようとしてるな……
?
おんおん
また自摸…
にゃはははははは
リュウすごいっすよ断然トップっす!
パンツ逆にした効果っすか
それだけじゃないぜーっ
見ろよこのストラップ!
ぶら〜ん
何っすかそれ?
ギョウザだよ 水ギョウザは中国の昔のお金「元寶《ユエンバオ》」に形が似てるからエンギがいい!
は…はあそうっすか…
偏財運の悪さにも負けない恐るべき執念……
偏財運が株がなんだ〜っ
あとでかき氷おごってやるぜー
びゅー
トイレにダッシュ!!

ニャンバー㉓

## チュ～ゴク暑い！

中国
今日は特別暑いっすねー
まだかかりますか？
もう少しだよ
このコがオレのおばさんの娘 ワタナベに紹介する女のコだよ～
へろ～ん
早く行きましょう
まったくゲンキンなんだから～
え？ホント かわいい～
リュウ大変っす
ど～したの～？
人がトラックに挟まれてます
大丈夫だよ～
中国ではよく人が挟まってんだ～
大丈夫じゃないっすよ きっと何かあったんっす
…
仕事の休み時間に涼んでるだけだって……
だろ
まさかあんな狭いところで涼んでるとは……
どうみてもはさまれてる…
今日は特に暑いからね 40℃超えてんじゃないの
地下道
リュウこれ…
ごろ
だ…
ごろ
ごろ
ごろ
まさか……
そう みんな涼んでるんだよ
床は冷たいからね
ごろ
中国の人はあーやって納涼しますか？
ふつうはデパートとかが多いけどね
売り物のソファがあったら快適
涼しければどこでもいいじゃん

家だとエアコンの電気代がかかるだろー
カーッ
あのーリュウ…
いまおじさんたちに「チビT」が流行ってますか?
あれ?
違うよただシャツをまくってるだけお腹出すと涼しいだろー
あれも納涼っすか…
ワタナベー
バスに乗るよー
ほっ……
よかった…これで涼めます~
あの…リュウ…
なに?
ひゅうううう
いくらなんでも寒すぎやしませんか
お客さんはお金払って乗ってるからね
氷の世界
サービスがいいんだ
そして再び――
灼熱の世界
カーッ
ぶ~っ
だら~
温度差ありすぎっす~~
これじゃ絶対体調崩しますよ
大丈夫
すぐ慣れるよ
20度くらいの温度差がなんだよ
ここが林《リン》おばさんの店
娘さんは今日友だちと出かけちゃったって
こんにちは
なんだよいい加減だなぁ
わーうれしいなお茶だ~
のどカラカラだったんす~
あの…リュウこのお茶すげー熱いんですけど…
げっ……
ヤケドでもした?

てっきり冷たい麦茶かと…
なに言ってんの？蒸し暑い夏にそんなものは体によくない
冷たいものを飲みすぎると胃腸の消化力が弱くなって夏バテするよ
また始まったっすリュウのうんちく…
特に熱いプーアル茶は薬膳効果が高いんだ
血行促進
老化防止
ストレス解消
あっ あっ
わたしストレスたまりそうっす…
なっ……
ワタナベおばさんが火鍋をごちそうしてくれるって
これうまいんだぜー
ぐつぐつぐつぐつ
この暑いときに鍋っすか…
この店扇風機だけなんっすけど…
以毒《イードゥー》攻毒《ゴォンドゥー》さ
ごおぉぉ
夏の暑いときに熱いものを食べる！夏バテ防止にこれが一番!!
特に火鍋をガンガン攻める!!
冷たいビールはありますかねぇ…
あのぉ…リュウ…
冷たいビールと火鍋を合わせちゃ絶対にダメ！胃腸に悪いよサイアクさ!!
がおぉぉん
ワタナベ肉も野菜もガンガン食えよ
ま…まるで火焔山《かえんざん》で食べてるようだ……
ごおぉぉぉぉ
ぐつぐつ
ごおおおおぉ
はっ
ごおぉぉぉ
リュウ
おばさんなんでたき火してんっすか!?

オレの
オレの
オレの
オレの
あの世の人を供養するために毎月2日と16日にお金を燃やすのさ
ごおおおぉぉぉ
おばさんは商売繁盛もかねてやってるのさ
ごおおぉぉ
え？お金を燃やす!?
あの世の人専用のお金だよ
一種のワイロっすか…
ごおおぉ…
人間は死んでもお金が好きなんですねぇ
ごおおおぉ
天国でも地獄でも必要なんだよ
たまには旅行にでも行きたいだろーし
ごぉおおぉ…
そうそうわたしお土産を買ってきました
江戸風鈴です
涼し気でキレイでしょ
音色も素朴で味がありますよ
ちょっとここにつけてみますね
ワタナベ風鈴はよくないよ
え…？
風鈴は「招魂《チャオフン》」と言われてるんだ
魂を呼ぶ
中国語で「鈴」と「霊」は同じ発音なの
おまけに今あの世のお金を燃やしてるんだぜ〜
ちりりりりん
リュウ風がないのに……
早くはずせよ
なんだか寒気が…
オレも

いつだって懐が寒い。そんなあなたに『ニャンでも比較文化論』。

ニャンバー㉔
中国式ツアー
スタニャでくつろぐワタナベ
ワタナベ一緒に京都に行こうよ ツアー観光ワタナベは無料でいいよ
え？ホント!?
でもリュウツアーは好きじゃないっていってたじゃないっすか
オレがガイドでワタナベは統括管理
ふり ふり
ガイド
突然誘われたんでおかしいと思ったんっすよ…
やっぱりタダより高いものはないっすね…
添乗員が足りなくてさ…手伝ってよ
足りないんじゃなくて雇ってないんでしょ
明日朝6時に猫巣ホテルのロビー集合だからよろしくね！
わかりましたよ もー急すぎるんだから〜
翌日の朝5時50分ホテルのロビー
ガラ
え…？
リュウロビーに誰もいませんが…
あ……もう来ちゃったの？6時半集合だからね
じゃなんで6時集合っていったの？
ワタナベ時間通りに来られないと思ってさー
リュウじゃないんだから遅刻なんかしませんよ
6時55分
おはよー みんな集まってるー？
のろのろ
あと一人で全員集まりますよ

7時15分ごろ出発
高速道路走行中
ぶ
6時半に来た人はたった1人でしたよ…
中国人は自分の時間をムダにしたくないだけだよ
他人の時間はムダにしてもい〜んっすか…
みなさーん次のサービスエリアでお手洗いに行ってくださーい
すくっ
あ!まだ着いてないのでお座りください
すくっ
え……
すくっ
みなさん!まだ着いてないのでお座りくださ〜い
バスはまだ走行中ですあぶないのでお座りくださーい
……なんで座ってっていってるのに立つ人が増えるんだ……
危ないから座れ〜っ
すっ
みんなすわった
あのぉ…リュウ立ってた人たちはみんな知り合いですか?
違うよ
じゃあなんでそんな乱暴な言い方しますか?
乱暴な言い方じゃないよただの命令形の言い方だよ
お客様に怒られますよ
大丈夫だよ中国は命令形の言い方の方がすぐ聞いてくれるよ
…
命令形だとすぐ危険だと感じるだろ

サービスエリア
到着
ぞろぞろ
お手洗いに行きたいお客様はここですませてください
ぞろ
次はしばらくトイレタイムはありません
しーん…
20分後…
お手洗いは混んでるのかしら?もう20分もたったのに誰も戻って来ませんが……
オレさっき行ったけど空いてたよ
え?じゃあなんでみなさん戻って来ないの?
ワタナベが集合時間言わなかったからみんな売店でウロウロしてる
は?トイレ休憩って言ったんだからふつうはトイレすませたらすぐ戻って来るんじゃ…
早く戻ったら損
なんでっすか?
中国人は人を待つ時間は損だと思ってるからだよ
人を待たせる方がイヤじゃないですか?
中国人は常に損得で考えてるからね
せっかく観光に来たんだからバスの中で待ってるよりサービスエリアでウロウロした方がいいじゃん
……

ってことは乗客の方たちはいつになったら戻ってくるかわからないの？
わからない
あ～ど～したらいいんだ……
わたしが降りてみなさんを集めて来ます
ワタナベそんなめんどくさいことしなくていいよ
なんでいいんですか？永遠にお客さまが戻らなかったらどうするの？
運転手さん駐車場からバス出してください
リュウなに言ってるの？お客さまを置きざりにしていっちゃうんですか～っ
だめっすよ
ひーっホントにバスが走り出しちゃったよ…
ガタゴト
げ……？
お客さまが集まって来た……
ぞろぞろ
ホラみんな集まっただろにゃっにゃっ
待て～
待って～
運転手さん止めてください
うそ……
はーい乗って乗って――っ
客集めが過激すぎ…
信じらんない…

話題に乗り遅れるタイプだ。そんなあなたに『ニャンでも比較文化論』。

ニャンバー㉑

## 黄色がつく言葉

中国で「黄色」のイメージといえば〝未成熟〟や〝枯れる〟といったもの。例えば、「黄毛Y頭《ホアンマオヤートウ》」といったら、〝未熟な人〟のことだし、縁談で「黄《ホアン》了《ラ》」といったら、〝破談〟のこと。また、「黄色《ホアンソオ》電影《ディエンイン》（エロ映画）」や「黄色書刊《ホアンソオシューカン》（エロ本）」など、〝エッチなもの〟を連想する中国人も多いんだ。ちなみに、風紀の乱れを一掃することは「掃黄《サオホアン》」という。ただし、黄色のつく言葉が、必ずしもマイナスの意味だとは限らない。例えば、「黄道吉日《ホアンダオジイルイ》」は〝万事順調な日〟のことだよ。

ニャンバー㉒

## 偏財運と正財運

「偏財運《ピエンツァイユン》」とは、いわば〝楽してがっぽり稼ぐ金運〟のこと。それに対し、〝地道に働いてそこそこ稼ぐ金運〟は「正財運《チエンツァイユン》」と言う。中国では、これらの運は生まれたときから決まっていると考えられているんだ。ところで、ギャンブルといえば〝賭けマージャン〟を連想する人も多いと思うけど、中国語でマージャンは「麻将《マージアン》」と書き、「麻雀《マーチユエ》」だと〝すずめ〟という意味になってしまう。だから、中国人が日本で「麻雀荘」という看板を見ると、〝すずめ村〟だと思って驚いてしまうんだ。

## ニャンバー㉓ あの世のお金

中国では唐の時代から、祖先を祭るときに「紙《し》銭《せん》」と呼ばれる〝あの世で使うためのお金〟を燃やすという風習があるんだ。紙銭には、金箔をはったものと銀箔をはったものとの2種類があって、主に前者が神様に、後者がご先祖様にあげるためのものになっている。また、まだ成仏できていない霊のために紙銭を燃やすこともあって、これはお店をやっている人が毎月2日と16日に行うことが多いんだ。浮かばれない霊を排除することなく、共存共栄の精神で店を守ろうってことなのさ。

## ニャンバー㉔ 約束時間の考え方

待ち合わせの時間におおらか過ぎるのが中国人観光客。彼らは思っている「私達遊びに来たんだからさーいっぱい楽しみたいの、細かいこといわんといてー」。皆自己中心的だからまとまらない。たとえそれが原因でスケジュールがカットされてしまっても、逆にそんなスケジュールを組んだ方が悪いと責められるから気をつけよう。ちなみに食事の時間はきっちりやって来るから心配ご無用。

また、中国人は「すぐ着く」と言っても三十分、一時間待たせることも珍しくない。中国人はなかなか時間どおりに来ないけど、電話も来ないことがよくある。それは待たされたほうが電話をかけなければならないという中国人の暗黙のルールでもあるんだ。こちらはもうそちらに向かっているから、待たされたほうが心配であれば連絡すべきという中国人の自己中心的な考え方なのさ。

ワタナベのマンション
ニャンバー㉕
ふさわしくない招き料理
今日は中国から来た豆豆さんのためにウデをふるいますよー
お料理作ります
なんだかすご――く心配
献立はなに？
なに作んの？
さっきスーパーで材料買って来ました
どっさり
コレなに？
カマボコです
「板わさ」にしようと思って…
「板わさ」ってなに？
カマボコを切って間にキュウリをはさんだものです多くはわさび醤油でたべます
…
この魚は揚げてあんかけとかにするの
焼き魚ですグリルで焼いて大根おろしでいただきます
これは冷凍ギョウ…
それは料理じゃねえだろーっ

おまけに餃子は点心だよ点心は間食おやつ！
せめて皮から作れよ！
このじゃがいもは？
ごろごろ
北海道産 男爵
わたしの得意料理の肉じゃがを作ろうと思って…
たまねぎさんといっしょに
じゃがいもごろごろだねこれでお腹ふくらませる気？誠意がないな〜っ
ごろごろ
そうですか…
じゃやめときます
そうそうお赤飯炊きましたよ——
わたしもち米大好き♥
え？デザート作ったの？
え？お赤飯は主食ですよ
ごま塩ふって食べるのが一般的
うっそだろーもち米だぞお〜っ
赤飯はもち米だから砂糖で甘くして食べるのが常識
中華デザートの「八宝飯」
もち米 干しフルーツ ナツメ 蓮の実 こしあん などなど
せっかくのもち米にごま塩ふるなんて…もち米がかわいそすぎ
どーしよ〜これじゃ豆豆呼べないよ〜
…
もう呼んじゃってますけど…
…。。。

やっぱオレも手伝うよ
なにかある?
ガラ…
野菜の残りが少しずつ…
十分十分
そんなものでなに作るの?
いいからまかせろよ
トントン
出来たよー
わあすごい!
これ全部さっきの残り野菜で作りましたか…
そうさ!八宝菜だよ
ちょっとあじみ…
うまい!
だろ
八宝菜ってもともと野菜のカスで作ったものなんだぜ
むかし皇帝の専属料理人が切り落とした野菜がもったいないと思ってそれで料理を作った皇帝が厨房を通りかかった時に料理人がその料理を食べてるのを見て皇帝が試食したらこれが超ウマい!
皇帝がその料理を名づけたのが「八宝菜」だよ
ヘエー
八宝菜の食材はみんな意味があるんだ
たとえばタケノコ
「歩歩高升《ブウブウガオション》」とんとん拍子に出世すること
ぐん ぐん ぐん
セロリは「勤労致富《チンラオチーフウ》」勤勉で金持ちになるんだ
皇帝が野菜カス食べてたんだすごい!
豆腐は「百代興旺《バイダイシンワン》」代々商売繁盛

出世や
金持ちになる！
やっぱり中国人は
なによりも
お金や地位が
好きですねえ…
ピン・ポーン
あ、豆豆が来たみたいだぜ
こんにちは〜
ご招待
ありがとう〜
いらっしゃ〜い
お待ちしておりました〜
ワタナベさん
これ
おみやげ
ここおくょ
どさ…
え…
そんなに
たくさん…
重かったでしょ…
すみませんね…
スーパー
うわ…バナナがこんなにたくさん…
毎日バナナジュースだ
わあー
おいし
そうな
八宝菜
でしょ
これなに？
ちょっとあじみしていい？
お赤飯
です
もち米で
出来てます
げ…
うそ…
甘くない
もち米なんて…
あの〜
砂糖
かけていい？
あ…
はい
どうぞ
だろ
さとう
どさ…
そんな
ばなな…
さとう
ワタナベさん
おいしく
なったよー
そ…
そうですね…
信じらんない……
そんな
ばなな…
カンパーーイ
あ…
わたしの分
まで…
どっさり……
今日は
ありがと〜

別腹が三段腹になっていた。そんなあなたに『ニャンでも比較文化論』。

## ニャンバー㉖ 愛をこめて「老《ラオ》」の字を

しばらく仕事でアメリカに行くことになったからその前に日本に寄るよ
え？急っすね
日本
オレ明日の夕方には発つよ
それは超急っすね
1日しか日本にいないんっすか
まだ暑いし日本のスイカたべたいなー
スイカ 850
じゃあこのデカいのを買いましょー
ワタナベさんこっちのが甘いよ
あ！こんにちは
近所の虎屋食堂の虎田《とらだ》さん
知ってるよオレもよく行ったもん
虎田おばあさんこんにちは
ひさしぶりです
え…
…
リュウ「おばあさん」なんて失礼だよ
何で？
…
せめてオバサンとか…いや そもそも何もつけなくていいよ
どーして？
虎田さんで！
敬意を込めて「おばあさん」と呼んでるんだよ
中国は儒教の国 お年寄りを尊敬する
中国では喜ばれるよ

「姜還是《ジアンハイシ》老的辣《ラオダラ》」だよ
ショウガは古い方が辛い?
あたり前じゃん
〝生姜《しょうが》は古くて辛いほど味がいい 人は年を取るほど経験豊かになる だから尊敬すべき〟という意味さ
日本でいうなら亀の甲より年の功すか
青
でも日本じゃうれしくないんです
年よりにみられてガックリ…
それも他人前ででっかい声で…
わかんねーな日本人は…
わかんねーな中国人は…
やあリュウ
え? 陳《チェン》さんひさしぶり
日本での仕事もーかってるー?
じつはラオポオがあっちに…
ホントー? 連れてこいよ
「ラオポオ」って誰っすか?
リュウ
「老婆《ラオポオ》」だよ
こう書くの
え…? 陳さんどこの老婆連れてきたんっすか?
「老婆」は奥さんのことだよ
なに言ってるの
え? 陳さんそんなに年上の方と結婚しましたかーーっ
わたしの老婆です
若い女性じゃないっすか
冗談キツイっすよ
リュウ
だからー彼の老婆だよ
中国では若かろうが年寄りだろうが妻は「老婆」夫は「老公《ラオゴン》」
親しみを込めてこう呼ぶのさ
はじめましてワタナベです
でも老婆なんて…わたしはとても呼べません…

日本でいう「主人」や「家内」って感じっすか？
中国で奥さんが夫を「わたしの主人」って呼んだら超ヘンだよ
え？何で？
夫の"使用人"だと思われちゃうよ
ご主人様とメイドのカンケーってことっすか
萌え〜っ
それよくわかんねーよ
同じ漢字なのに意味が全然違うんですね
ふ〜ん
そーゆーの意外と多いから気をつけるといいよ
しゃくしゃく
超甘〜い
その後近くのバーへ——
いらっしゃい〜
バー花子
あら〜っワタナベさんのお兄さん〜〜？似てる〜
え…？
わたしが一つ年上なのにリュウより若く見られちゃいましたー
ちがうちがう兄弟じゃないよ
にゃっにゃっ
なに喜んでるの？
男はたとえ20代でも30代に見られたらうれしいよ落ち着いてるってことだから
は？
オレが年上に見られたってことはワタナベより価値が高く見られたってことさー
わるいねえ〜
にゃっにゃっ
わっかんねーな中国猫は…
フケてみられてなんで喜ぶ…。

さよならは苦手だ。そんなあなたに『ニャンでも比較文化論』。

おねーさん ボク 水割り
オバサン オレ ロックで
わかった？ 失礼なのは そっちだって
わかんねーな……
そうだ プレゼント！ しばらく お別れだから
え ホント？ なにかくれるの？ 高いもの？ サンキュー
シャレた デザイン でしょ
中国では 贈りものに 置き時計は ダメだよ
え？ 何で？
中国語で 腕時計以外の 時計は「鐘《チヨオン》」 オシマイの 「終《チヨオン》」と 同じ発音 だから
え？じゃ 返して ください
いやだ
ブランド品 だから
オレが 1円で 買うよ
ふーん 一円でも 売っちゃえば いいんですかー……
ワタナベ
この店の名前 中国だったら 超ヘンだぜー
バー 花子
翌日 空港――
アメリカでも がっぽり儲《もう》けるぞ
にゃんにゃん
がつがつ
老《ラオ》ナベ サイナラ～
わたしはまだ 「老」じゃないよ
老リュウ 元気でねー
他人の名前に 「老」をつけるのは 敬意を表す
ワタナベも やっとオレに 敬意を払って くれたな
ごおおお
へっへー リュウにも 「老」つけて やったよー
にゃっ にゃっ

ニャンバー㉕
## 中国の料理名

中国の料理名は多種多様でレストランのメニューを見てもわかりにくいけど、実は料理の名前は料理の食材や味、調理法などが書かれているんだ。例えば、「蒜炒《スワンチャオ》 空心菜《コオンシンツアイ》」は味が大蒜、料理法が炒める、食材が空心菜。「清蒸魚《チンチエンユイ》」味が淡泊、料理法が蒸す、食材が魚。

また、都市の有名な料理名はその都市名が付いている。代表的な料理は「北京《ベイジン》烤鴨《カオヤー》（北京ダック）」。北京が都市名、料理法があぶる、食材がアヒル。ちなみに中国では「鴨《ヤー》」は「アヒル」のこと、「野鴨《イエヤー》」が「鴨」だよ。

中国の食卓は喜びの大集合です。食大国の中国では縁起がいい料理名もいっぱいあるよ。例えば、揚げ鶏の手羽は「鳳凰《フォンホアン》 展《チャン》翅《チ》高飛《ガオフェイ》」（鳳凰が翼を広げて高く飛ぶ）のような大袈裟な料理名とかね。ウエートレスが料理を運んで来る時にその料理名を言うと一層料理が輝きを増しておいしく見えるようにね。

ニャンバー㉖
## 同じ漢字で意味違いすぎ

中国では、親しみや尊敬の気持ちをこめて、相手の名前（姓）に「老」をつけるんだ。ただし、「老渡邉」のように2文字以上の姓につけるのはNG。そういうときは「老渡《ラオドウ》」や「老邉《ラオビエン》」と省略しよう。ちなみに名前といえば、中国語の「花子《ホアズ》」には〝物乞い〟といった意味があるからご注意を。たとえ同じ漢字でも、中国と日本で意味が全然違うということはよくあるんだ。「愛人《アイルエン》」は〝配偶者〟のことだし、「手紙《ショウヂー》」は〝トイレットペーパー〟のこと。

それじゃ、また会う日まで再見《ザアイジエン》!

立ち食い そば

あとがきまんが
アメリカに渡ったその後のリュウ
アメリカのレストラン
ワタナベ
これはオレの新しい会社
え？アメリカで会社作ったっすか？
すげー金ぴかの名刺
今いくつかのどデカいビジネスに取り組んでるんだ
早いっすね
それもどデカいビジネスっすか
ビジネスは直勘速決速決定だよ！
オレはどデカいのが好きなの
注文は？
これとあれ
速決!!
え〜〜〜ちょっと待ってくださいまだ決めてないのにーえーとえーと…じゃあリュウと同じでいいっす….
注文も速決っすね
リュウ
単にせっかちなだけじゃないの
なにいってんの
自分でいけそうだと思ったら速決！すぐに実行する!!
無駄な会議も決済もないアメリカはオレに合ってるよ！
でも失敗したらどーするの？
なにいってんの
失敗なんか考えてないよ大儲けするためにはリスクを恐れない！
あんたは欲深い
さすがワタナベ
認めてくれてありがとう
成功には欲が大切だ

グルメな リュウとしては
毎日 ハンバーガーと ポテトばっかで あきあきしてないっすか?
ぜーんぜん
ハンバーガーと ポテトにあきあきしたら アメリカでビジネスは 成功しないよ
それにオレ ときどき中華街に いっちゃうからね
でもさー アメリカの めしの量って ハンパじゃ ないっすね
昨日ワタナベ フィッシュ バーガー 残しただろー
肉じゃねーのによー
フライドポテトが 多すぎぞ
アメリカでは めしは いっぱい 食う方が EQが 高いって いわれてるん だぜー
…
おーい ワタナベ……
日本猫だね…
まさか アメリカに 来て 日本食 食うんじゃ ねえーだろーなー …
SOBA
オレは そばが でえっきれー なんだよ
にゃあ にゃあ
ワタナベは思う
中国猫は水と同じ 世界中の隅々のスキマに 浸透浸食していく そしてどんな色であれ 花を咲かせてる
今度 ワタナベの会社とも 取引きしよーぜー 三倍注文するから 半額にしろよー
バイーイ バーイ
大きい声で いわないで ください
なんであんなに元気なの? たくましくもあり オソロしくもある
ハズカシイ……
感謝《ガンシエ》!! この本を編集してくださった 芸術新聞社さま 担当の松川さまには たくさんお世話になりました
これからは アメリカで 盆栽の ビジネスも いいかもな
クーリエ連載中には 担当の松村さまには 大変お世話になりました 本当にありがとう ございましたにゃん

本書は「クーリエ・ジャポン」（講談社）の連載
『日本猫ワタナベのニャンでも比較文化論』
（2012年11月～2014年10月）に加筆して
まとめたものです。

「クーリエ・ジャポン」（https://courrier.jp）は
世界中のメディアから厳選した記事やプレミアムな
オリジナル記事を掲載する会員制ウェブメディアです。

## 漫画・小道迷子

（こみち・めいこ）

山梨生まれ　漫画家
お馬好き、茶豆好き、もちろん猫も大好き。
共著に『こんにゃんでい～ぶんか』（講談社刊）、
『知ってトクする台湾華語』『台湾ではじめよう中国語』（以上三修社刊）などなど。

## 原案・渡邉豊沢（張《チャン》豐《フォン》澤《ズウ》）

（わたなべ・ほうたく）

台北生まれ。上智大学経済学部経営学科卒。
お寺巡り好き。
現在「ＣｏＣｏ外語」（東京都国立市）において、中国語、台湾華語、台湾語講師を務める。
共著に『小道迷子の中国語に夢中』「小道迷子の発音しませんか」（以上三修社刊）、
『チャンさん家の台湾ベジごはん』（ソフトバンククリエイティブ刊）、
『中国人女子と働いたらスゴかった』（幻冬舎刊）などなど。

# 日本《に》本《ほん》猫《ねこ》ワタナベのニャンでも比《ひ》較《かく》文《ぶん》化《か》論《ろん》

2018年12月25日　初版第1刷発行

著　者　小道迷子　渡邉豊沢

発行人　芸術新聞社
〒101-0052
東京都千代田区神田小川町2-3-12
神田小川町ビル7F
TEL　03-5280-9081（販売）
03-5280-9087（編集）
FAX　03-5280-9088
URL　http://www.gei-shin.co.jp

ブックデザイン　宮下 豊
制作協力　本多晋介　和田陽介
編集協力　松村祐二

印刷・製本　シナノ印刷株式会社


ISBN 978-4-87586-550-6 C0036